CALLWEY

MANFRED LUCENZ UND KLAUS BENDER

Verrückt nach GARTEN

IDEEN UND ERFAHRUNGEN
kreativer Gärtner

FOTOS VON MARION NICKIG

CALLWEY

Inhalt

Vorwort

Lange kannte man nur aus England Gartenbesitzer, die mit außergewöhnlicher Leidenschaft ihre Gärten anlegen und unterhalten. So wie Vita Sackville-West, die den wohl berühmtesten englischen Garten Sissinghurst geschaffen hat: Oft kam sie am Abend verschmutzt und verdreckt von der Gartenarbeit in das nur notdürftig zum Wohnen hergerichtete Priesterhaus, ohne fließendes Wasser, ohne Strom und Heizung! Solche „Verrücktheiten" gesteht man besonders den Engländern ohne weiteres zu. Aber dieser sympathische Enthusiasmus für Gärten ist heute glücklicherweise auch immer mehr auf deutschen Grundstücken zu finden. Daher haben wir uns auf die Suche gemacht, um einige nicht nur rückblickend intensiv gelebte Garten-Geschichten zusammenzutragen. Ein schönes Beispiel ist etwa die Entstehung des Gutsgartens in Kleßen im Havelland (S. 130ff.), welcher nach Jahren der Vernachlässigung aus seinem Dornröschenschlaf geholt wurde. Auch der „Gaupeler Landgarten" in Westfalen (S. 166ff.) wurde schon angelegt, als das Wohnhaus noch im Bau war. Ein mutiges Unterfangen! Aber genau diese wunderbaren Gartenanlagen, die heute mit ihrer eigenen Atmosphäre und zahlreichen gärtnerischen Details faszinieren, entsprechen diesen leidenschaftlichen Anfängen.

Die Besitzer der zehn Gärten, die wir in diesem Buch vorstellen, haben ein Höchstmaß an Kreativität entwickelt und sich ein Umfeld mit einer hohen alltäglichen Lebensqualität geschaffen. Dabei sind auf ganz unterschiedlichen Bodenverhältnissen, Grundstücksgrößen und -zuschnitten eindrucksvolle Gartenkunstwerke entstanden. Außerdem haben die Gärtnerinnen und Gärtner sich Fachkenntnisse erworben, die weit über das normale Maß hinausgehen. In den **Empfehlungen** geben wir diese besonderen Ideen und Kenntnisse zu jedem Garten weiter. Dazu gehören beispielsweise neue kleinwüchsige *Miscanthus*-Sorten, die Klaus Menzel im Wöllsteiner Staudengarten für kleine Gartenräume gezüchtet hat. Für alle, die auf schweren Lehmböden gärtnern, wird die umfangreiche Pflanzenliste, die Lily und Fried Frederix aufgrund ihrer Erfahrungen im Garten „de Villa" erstellt haben, sehr hilfreich sein. Von besonderem Interesse dürften die neuen Erkenntnisse bei der Bekämpfung der **Buchskrankheiten** sein, die im Garten von Brigitte Bergschneider gemacht worden sind. Im mehrjährigen Austausch mit uns Autoren zeichnet sich durch die Anwendung von Algenkalk eine Perspektive ab, um die Buchsbäume für die Gartenkultur zu erhalten!

„Zehn Gärten als faszinierende Beispiele für das hohe Niveau der gegenwärtigen Gartenkultur."

Alle Praxisempfehlungen sind aus langjährigen Erfahrungen erwachsen, die die Gärtnerinnen und Gärtner gemacht haben. Aber es ist nicht nur das beeindruckende Fachwissen, sondern vor allem die Gartenkunstwerke, die in Erstaunen versetzen. Dank Blütenfarben und Blattstrukturen, Früchten und Gehölzsilhouetten sind Bilder entstanden, die aus jedem Garten eine faszinierende Galerie mit jahreszeitlich wechselnden Bildern machen. Dabei werden alle Sinne angesprochen, denn zu den vielen Farben und Strukturen kom-

Der Garten als Lebensraum: Im Garten Engelhardt in Witten ist der Frühling zu einem begehbaren Bild gestaltet worden.

Ein Gartensalon
zur Rosenzeit
im Garten
Bergschneider
in Paderborn.

men noch der Duft der Pflanzen, das Summen der Insekten sowie der Gesang der Vögel. Jeder, der vor der „Dromedarhecke" im Garten Seethaler steht, wird versucht sein, die seidige Oberfläche der exakt geschnittenen Pflanzen mit der Hand zu erfahren oder die Rispen der Gräser durch die Hand gleiten zu lassen. Es findet sich kaum eine andere Kunstform, die ein solches, alle Sinne umfassendes, Erlebnis ermöglicht.

Dabei bleibt es nicht beim Erlebnis eines fertigen Gartenbildes. Jeder Garten ist ein fortlaufender Prozess der Veränderung und das nicht nur durch die Jahreszeiten: Bäume und Sträucher wachsen und schaffen andere Lichtverhältnisse, Stauden entwickeln sich besonders stark und stören die Balance. Von „Unkraut" zu reden, gilt als unfein, aber es stört das Gesamtbild und muss weichen. Giersch ist der Erzfeind jeden Gartens und eine Toleranz ihm gegenüber endet stets mit einer Niederlage. Die Gartenbesitzer beobachten alle Entwicklungen mit genauen und kritischen Blicken. Diese Eigenschaft ist allen Gärtnern gemeinsam und so ist ein Garten nicht nur auf der kognitiven Ebene ein Jungbrunnen, auch die vielfältigen körperlichen Tätigkeiten verhindern eine einseitige Beanspruchung. Für Außenstehende oder Besucher ist das „viel Arbeit", aber für uns Gärtner ist jedes Fitnesscenter eine triste Angelegenheit, verglichen mit den Tätigkeiten in einem lebendigen Gartenbild. Für alle vorgestellten Gärten gilt, dass sie eine Form der Kunst sind, die die Menschen, die in ihr leben, verändert.

Ein gärtnerisches Kunstwerk

Garten als Kunstform

„Ob das, was ich mache, Kunst ist, weiß ich nicht; andererseits wüsste ich aber auch nicht, was es sonst sein könnte." Dieser Ausspruch des Künstlers Peter Roehr wurde bei unserem ersten Besuch des Gartens von Klaus Menzel und Christel Lewandowski-Menzel in Wöllstein bei einem Gespräch zitiert. Der Satz passt ausgezeichnet zu dem Garten des Ehepaars und könnte auch als Eingangsspruch über dem großen Torbogen stehen, der zum Garten in der Eleonorenstraße führt.

Als wir den Garten an einem trüben, regnerischen Spätwintertag zum ersten Mal durch das große Tor betraten, spürten wir einen unbedingten Gestaltungswillen. Es waren nicht nur die Einzelheiten, wie das schöne alte Pflaster, der beeindruckende Bambus oder andere Elemente, die auch in vielen anderen Gärten zu finden sind; es war die gesamte Atmosphäre dieses Gartens, die auf uns wirkte und sich bei jedem weiteren Schritt verstärkte. Die Anlage des Gartens ist bis ins kleinste Detail durchdacht. Und besonders im Winter, wenn sich die Bepflanzung zum größten Teil noch in der Vegetationsruhe befindet, wird die Struktur besonders gut sichtbar. Es ist das Ergebnis von etwa 30 Jahren gärtnerischen Gestaltens. Dabei betrachtet das Ehepaar diesen Prozess noch lange nicht als abgeschlossen, sondern sieht den Garten als einen lebendigen Organismus, von dessen Dynamik beide fasziniert sind und der auch auf sie zurückwirkt.

„Ein Garten steht nicht still. Er ist kein an der Wand hängendes Bild."

OBEN
Der Schlangenbart in grüner und dunkler Blattform ist eine reizvolle Unterpflanzung für den Bambus.

RECHTS
Das ehemalige Stallgebäude und der Wegbelag aus Porphyrpflaster bilden die „Grundierung" für die Bepflanzung.

Ursprünge in der Kindheit

Die Grundlage für die Gartenliebe wurde bei Klaus Menzel schon in der Kindheit gelegt. Seine Eltern, insbesondere seine Mutter, waren sehr naturverbunden. Wenn er sich heute erinnert, sieht er dort die Ursprünge für seine Liebe zu den Pflanzen. Es ist der aufmerksame Blick seiner Eltern, der ihn nachhaltig geprägt habe. Nach seinem Kunststudium arbeitete Klaus Menzel zunächst als freischaffender Maler und Grafiker. In seinen Mietwohnungen pflegte er Orchideen und anstelle von

Gardinen hingen Luftpflanzen *(Tillandsien)* vor dem Fenster. Als Christel Lewandowski-Menzel einzog und bald darauf Zwillinge zur Welt brachte, mussten die Pflanzen nach und nach, entsprechend dem Wachstum der Kinder, weichen. Klaus Menzel hatte inzwischen eine feste Stelle als Dozent für Grafik am Fachbereich Bildende Kunst der Universität Mainz inne und das Ehepaar wollte die Kinder nicht mitten in der Großstadt Wiesbaden großziehen. Doch dann entdeckte er ein ehemaliges bäuerliches Anwesen in Wöllstein bei Bad Kreuznach. Christel Lewandowski-Menzel stand dem Projekt zunächst etwas reserviert gegenüber. Das 1600 Quadratmeter große Grundstück erschien ihr recht groß und als Mutter von Zwillingen und in Teilzeit arbeitend war sie voll ausgelastet. So übernahm ihr Mann die Pflege des Grundstücks.

Es begann mit Gemüse und Obst

Anfangs pflanzte er Gemüse und Obst an, sein künstlerisch geschultes Auge entdeckte jedoch schnell die Möglichkeiten der Gartengestaltung. Wie ein Maler die Zusammensetzung der Farben kennt und zu beachten lernt, so lernte Klaus Menzel die Pflanzenwelt und ihre Möglichkeiten und Grenzen kennen. Dabei waren unter anderem die Eigenschaften des Bodens und des Klimas Herausforderungen, denen er sich stellen musste. Und auch seine Frau nahm zunehmend Anteil an der Gestaltung des Gartens. Ihr war es doch nie gleichgültig gewesen, was vor den Fenstern des Hauses passierte. Sie brachte ihren eigenen ästhetischen Anspruch mit, was zu fruchtbaren Diskussionen aus unterschiedlichen Positionen führte. Da die Kinder heranwuchsen, konnten die Eltern immer mehr Zeit in den Garten einbringen, der nun vollends zu einem Gemeinschaftsprojekt wurde. Über die Jahre verlagerte Klaus Menzel seine künstlerische Energie zunehmend von der Malerei und Grafik hin zur Gartengestaltung.

Die Welt der Stauden

Die Entdeckung der großen Vielfalt der Pflanzenwelt und deren Verwendungsmöglichkeiten schlugen sich natürlich auch in der Bepflanzung des Gartens nieder. Insbesondere in den Staudenrabatten schufen Klaus Menzel und seine Frau immer neue Kombinationen und es ergab sich ein fortschreitender Prozess – ein Learning by Doing. Die Faszination, mit Blattstrukturen, Blütenformen und -farben immer differenziertere Gartenbilder zu schaffen, ist bis heute geblieben. Durch die Teilnahme bei den „Offenen Gärten Rheinhessen“ entstanden zudem zahlreiche Kontakte und es entwickelte sich im Laufe der Jahre ein Netzwerk in alle Bereiche der Gartenkultur. Da das Ehepaar seinen Garten genau beobachtete und diese Erfahrungen mit fachkundigen Gartenbesuchern austauschte, wurde auch das Interesse der professionellen Gartenwelt geweckt. Klaus Menzel publiziert heute regelmäßig in der Mitgliederzeitschrift der „Gesellschaft der Staudenfreunde“ (GdS) und zwei durch Aussaat und Selektion im Wöllsteiner Staudengarten entstandene Neuzüchtungen – von denen noch ausführlich berichtet wird – sind bereits auf dem Markt.

„Unser Antrieb war das Vergnügen am Gedeihen und Blühen der Pflanzen.“

Die Struktur des Gartens

Der Wöllsteiner Staudengarten liegt hinter den Gebäuden einer geschlossen bebauten Straßenfront aus dem 19. Jahrhundert. Ein großer Torbogen neben dem Wohngebäude diente früher als Durchfahrt für die landwirtschaftlichen Wagen, mit denen die kleinbäuerlichen Vorbesitzer ihre Ernten in den Hofraum und die dahinterliegenden Scheunen und Stallungen brachten. Heute ist der überbaute Torbogen der Zugang zu dem langgestreckten Garten. Das 17 Meter breite Grundstück erstreckt sich 95 Meter tief bis zu einem kleinen Bach, der den idyllischen Abschluss des Gartens bildet. Links und rechts liegen die benachbarten Anwesen mit einem ähnlichen Zuschnitt. Auch diese waren im 18. und 19. Jahrhundert kleinbäuerliche Betriebe.

Als das Ehepaar Menzel-Lewandowski 1982 das Haus mit den ehemaligen Stallungen kaufte, war der Wohntrakt noch in Nutzung, die Stallgebäude aber teilweise abgerissen oder vernachlässigt. Auch die Wiese war seit Jahren nicht mehr gepflegt worden. In einem mehrjährigen Prozess beseitigten sie Schutt und andere Hinterlassenschaften. Langsam entwickelte sich eine Struktur für den Garten, bis schließlich, Ende der Neunzigerjahre, eine endgültige Form entstanden war. Die allmäh-

OBEN LINKS
Die Sichtachsen werden durch Mauerreste gestaltet.

OBEN RECHTS
Die Goldblatt-Robinie sorgt für Farbe über dem Beet.

UNTEN LINKS
Die gelbe Funkie 'Flemish Gold' hellt das Beet auf.

UNTEN RECHTS
Der Blick fällt auf den Stamm einer mächtigen Schwarzkiefer

liche Entwicklung der Wegeführung, die Anordnung der Beete und der Sitzplätze führte dazu, dass sich der Garten heute sehr harmonisch präsentiert.

„Ohne Inspiriertheit und Empathie gibt es kein gärtnerisches Gelingen."

Der historische Rahmen

Die Gebäude, wie der ehemalige Schweinestall und Gebäudereste, wie die teilweise erhaltenen Außenmauern des früheren Kuhstalles, bilden den historischen Rahmen für den modernen Staudengarten. Die Atmosphäre erinnert etwas an den Garten von Vita Sackville-West in Sissinghurst, ohne damit einen Vergleich herstellen zu wollen. Aber auch Sissinghurst lebt von der Spannung alter Mauern und Gebäudereste aus der Vergangenheit und der heutigen Bepflanzung. Und auch in Sissinghurst wurde das Konzept des Gartens in einem mehrjährigen Prozess entwickelt. Hier in Wöllstein sind die Dimensionen natürlich ganz andere; aber die Spannung zwischen den historischen Gebäuderesten eines kleinbäuerlichen Anwesens und der Lebendigkeit der Bepflanzung ist ein wesentliches Element des Gartens. Dabei ist es ein großer Vorteil, dass die Gebäude bzw. die Gebäudereste ebenso wie das Pflaster aus rötlichem Porphyr bestehen. Dieser Stein wurde in den Steinbrüchen der Umgebung abgebaut und war vor Ort das gebräuchliche Baumaterial. Der Porphyr wirkt durch die Glimmereinschlüsse besonders edel und die gut restaurierten Mauerreste tragen, ebenso wie die Pflasterung aus demselben Material, wesentlich zur Gesamtatmosphäre bei.

Der mediterran anmutende Sitzplatz wird an zwei Seiten von den Außenmauern des ehemaligen Kuhstalles, einer gebietstypischen „Kuhkapelle", eingefasst. Als „Kuhkapelle" bezeichnet man in der Rheinhessischen Schweiz die aus Brandschutzgründen im 18. und 19. Jahrhundert mit Steingewölben errichteten Kuhställe, bei denen die Gewölbe auf Säulen und auf seitlich aus dem Mauerwerk hervorragenden Konsolen ruhen. Die Gewölbe mit den Säulen sind von Vorbesitzern abgebrochen worden, aber die noch vorhandenen Konsolen verleihen den Mauern ein besonders charmantes historisches Flair. Auch der ehemalige Schweinestall wurde durch Fenster- und Türeinfassungen aus Naturstein veredelt und täuscht so elegant über seine frühere Nutzung und seine heutige Funktion als Geräteschuppen hinweg. Die sich an den Schweinestall anschließende Scheune wurde abgerissen. Nur ein Gebäuderest mit Flachdach blieb erhalten und bildet heute eine Hochterrasse, die einen schönen Ausblick auf den Garten ermöglicht.

Aus dem quadratischen Beet am Ende der zentralen Sichtachse wachsen drei mehrstämmige Himalajabirken (*Betula utilis var. jacquemontii*) mit strahlend weißer Rinde.

Entwicklung über Jahre

Die vorhandenen Gebäude und die Gebäudereste konnten überzeugend in die Struktur des Gartens miteinbezogen werden. Dies war nur möglich, weil das Ehepaar bei der Übernahme des Grundstücks kein Gesamtkonzept entworfen hat, sondern sich die Zeit genommen hat, um die Möglichkeiten der vorgefundenen Strukturen nach und nach zu entdecken. Ein anderes Vorgehen wäre auch nicht möglich gewesen, da die familiäre Situation mit zwei heranwachsenden Kindern und gebrechlich werdenden Eltern die Zeit neben der Berufstätigkeit in erster Linie beanspruchte. Letztlich erwies sich dies als Glücksfall für den heutigen Garten. So wurde die Gestaltung zu einem mehrjährigen Prozess, in dem auch die Kenntnisse über die Pflanzen und deren vielfältige Verwendungsmöglichkeiten mit den Jahren wuchsen.

Ausgangspunkt des Wöllsteiner Gartens war ein Gemüse- und Obstgarten zur Selbstversorgung. Erst im Laufe der Jahre entdeckten Klaus Menzel und seine Frau die vielfältigen Möglichkeiten, mit Pflanzen zu arbeiten. Dabei war Klaus Menzels Beziehung zur Kunst von Vorteil, da er so einen ganz spezifischen Blick auf die Gestaltungsmöglichkeiten eines Gartens hat. Dies half auch, die weitere Struktur des Gartens zu entwickeln.

Rechteckige Formen als Grundmuster

In der vorderen Hälfte dienen die vorhandenen Gebäude bzw. Gebäudereste als Grundlage, aber auch für den hinteren Gartenbereich musste eine Form gefunden werden. Das langgestreckte Rechteck des Grundstücks wird durch zwei mittig gelegene quadratische Beete gegliedert, die den Beginn und den Abschluss dieses Gartenteils bilden. Die Beete sind jeweils 8 x 8 Meter groß, so dass rechts und links noch genug Platz für bis an die Grundstücksgrenze reichende Staudenbeete bleibt. Die beiden quadratischen Beete sind durch einen 2 Meter breiten Mittelweg verbunden, sodass ein variationsreiches Spiel mit rechtwinkligen Formen entsteht. Der begrenzte Raum erhält dadurch eine Großzügigkeit und zugleich entsteht eine Spannung zwischen der dichten ausladenden Bepflanzung der Beete und den klaren Linien der Wegeführung.

Wenn abschließend die Struktur des Wöllsteiner Staudengartens noch einmal beschrieben werden soll, so ist es die über die Jahre in einem Prozess gewachsene und durchdachte Gestaltung, die diesen Garten eindrucksvoll prägt.

Mit den Pflanzen wuchs das Wissen

In den letzten acht Jahren hat das Ehepaar Menzel-Lewandowski etwa 1000 Pflanzen verschiedenster Arten und Varietäten für seinen Garten neu gepflanzt. Mit dem Bestand aus den vorhergehenden Jahren würde sich eine Gesamtzahl von rund 1500 Stauden, Gehölzen, Halbsträuchern und Kletterpflanzen ergeben – ein- und zweijährige Pflanzen nicht mitgerechnet. Diese quantitativen Angaben sagen aber noch nichts über die qualitative Verwendung aus. Der Garten wirkt nicht durch die Fülle der Pflanzen, sondern vor allem durch die beeindruckende Gestaltung, die nur möglich ist, wenn das Wachstum der jeweiligen Pflanzengruppen am jeweiligen Standort genau beobachtet wird. Dies soll nun an einzelnen Gartensituationen verdeutlicht werden.

Vom Schatten zum Licht

Nach Durchschreiten des überbauten Torbogens erwartet den Besucher eine Überraschung: In unmittelbarer Nähe des Hauses befindet sich ein faszinierender Schattenbereich. Zwei ca. 10 Meter hohe Schwarzkiefern *(Pinus nigra)* bilden mit ihren ausladenden Kronen das ganze Jahr über ein Schattendach. Anders als bei Laubbäumen handelt es sich um einen lichten Schatten, denn durch die Kiefernnadeln wird das Licht in besonderer Weise gestreut. Die darunter gepflanzten Sträucher, Halbsträucher wie z.B. das Große Immergrün *(Vinca major)*, Bodendecker, Farne und Gräser erhalten dadurch genügend Licht und die ausgefeilte Zusammenstellung der Blattstrukturen und Grüntöne kommt gut zur Geltung. Etwas exponiert und mit dem nötigen Freiraum wächst ein Wechselblättriger Hartriegel *(Cornus alternifolia)* 'Argentea'. Sein filigranes, weißpanaschiertes Blattwerk wirkt wie eine Lichtquelle im Schattenbereich und betont seine elegante Wuchsform.

Ein weiteres beeindruckendes Detail in diesem Bereich ist eine ca. 3 Quadratmeter große Fläche im Wurzelbereich einer der beiden großen Kiefern, die dicht mit Herbst-Alpenveilchen *(Cyclamen hederifolium)* bewachsen ist. Nach der üppigen Blüte im Spätsommer und Herbst entwickeln sie ein dichtes Blattwerk und die zart marmorierten Blätter liegen wie Schuppen übereinander. Der Reiz dieses Bodendeckers hält bis in den Frühling an. Wenn die Alpenveilchen einziehen, füllt im Sommer Wald-Sauerklee (*Oxalis acetosella var. rubra*) die Fläche. Diese beiden Bepflanzungen aus dem Schattenbereich sind schöne Beispiele für den bis ins kleinste Detail gestalteten Garten.

Die grasartigen Blätter und die Blütenrispen einer Traubenlilie *(Liriope muscari)* stehen in Spannung zum üppigen Laubwerk ihrer Umgebung.

OBEN
Im Schattenbereich am Wohnhaus sind die Sträucher und Stauden im Hinblick auf die Blattstrukturen ausgewählt. Einzelne Gräser lockern das Gesamtbild auf.

UNTEN
Auch in den besonnten Staudenrabatten werden die kompakten Horste der Astern durch Gräser aufgelockert. Dabei fügen sich die Dahlien harmonisch in das Gesamtbild ein.

Dabei werden die Pflanzen nicht aneinander gereiht, wie es häufiger in Sammlungen zu sehen ist. Die organischen Übergänge und Ergänzungen zeugen vielmehr von dem durch die Kunst geschärften Blick der Besitzer.

Verblüffend bleibt aber, dass dieser Schattenbereich unmittelbar am Haus angelegt wurde. Die Erklärung findet sich im Klima der Region: Rheinhessen gehört, neben dem Oberrheingraben, zu den wärmsten und vor allem trockensten Gegenden in Deutschland. Im von Mauern und Gebäuden umgebenen Innenhof staut sich während der Sommermonate die Hitze. Die Schatten spendende Bepflanzung verhindert ein Aufheizen der Wohnräume weitgehend und macht durch diese „natürliche Kühlung" auch den Aufenthalt im Garten angenehmer. Ein weiterer Effekt ist die gelungene Inszenierung der Lichtverhältnisse. Dem dunklen Gartenbereich mit seinen Grüntönen folgen immer lichtere und farbigere Gartenräume.

Der Garten als Prozess

Die Staudenbepflanzung in den weiteren Gartenbereichen ist von stetigen Veränderungen geprägt. Das hängt damit zusammen, dass Stauden sich nicht gleichmäßig entwickeln, sondern starkwüchsige Arten wie verschiedene Raublatt-Astern *(Aster novae-angliae)* oder Kerzenknöterich *(Persicaria amplexicaulis)* mit der Zeit leicht überhandnehmen und die ursprüngliche Kombination so aus dem Gleichgewicht gerät. Im Garten des Ehepaars Menzel-Lewandowski kommt aber noch eine weitere Komponente hinzu: Sie entdeckten nicht nur die Vielfalt der Pflanzenwelt, sie beobachteten

Die zarten Blüten der Herbst-Alpenveilchen finden eine gute Ergänzung durch die violetten Blüten der Traubenlilie *(Liriope muscari)*.

und ergründeten auch die Möglichkeiten der Pflanzenverwendung vor Ort. Klaus Menzel orientierte sich zunächst an vorhandener Gartenliteratur, wurde aber zunehmend skeptischer, weil viele der publizierten Angaben sich nicht mit seinen Erfahrungen deckten. Als Beispiel weist er auf die Alpenveilchen hin, die nach der Literatur unbedingt einen kalkhaltigen Boden benötigen und in dem sauren Boden seines Gartens nicht wachsen können. Er machte aber die Erfahrung, dass sie sich hier sehr gut versamen. Auch wir haben in unserem Garten dasselbe erlebt.

Aus der Praxis lernen

Klaus Menzel verließ sich also fortan lieber auf seine eigenen Erfahrungen. Da er seine Fehlschläge, ebenso wie seine Erfolge, reflektierte und in Zusammenhang mit Bodenverhältnissen, klimatischen Bedingungen und Niederschlägen brachte, entstand über die Jahre ein großes Fachwissen, welches schließlich auch zu eigenen Züchtungen und Selektionen führte. Für den Wöllsteiner Garten bedeutet dies, dass die Bepflanzung einer Dynamik unterliegt, die nicht nur durch das Wachstum und die dadurch notwendigen Eingriffe entsteht, sondern auch von der Experimentierfreude des Ehepaares geprägt ist. „Ein Garten steht nicht still. Er ist kein an der Wand hängendes Bild“, erklärt Klaus Menzel und blickt auf seinen prall mit individuellen Entfaltungsmöglichkeiten gefüllten Staudengarten. In einer Gesellschaft, in der meist vorgefertigte Dinge den Lebensalltag bestimmen, ist der Garten ein Raum für Kreativität, der auch die Gärtner in ihrer spezifischen Lebenssituation prägt.

Nachdem die Alpenveilchen verblüht sind, dienen ihre marmorierten Blätter bis in den Frühling als attraktiver Bodendecker.

EMPFEHLUNGEN

Flächenkompostierung

Klaus Menzel hat in seinem Garten ein arbeits- und platzsparendes Verfahren zur Kompostierung entwickelt und über Jahre erprobt: die Flächenkompostierung. Dabei bleiben alle abgestorbenen Pflanzenreste über den Winter stehen und bieten so Schutz und Nahrungsquelle für zahlreiche Lebewesen. Im zeitigen Frühjahr erfolgt schließlich der Schnitt und die anfallenden Abfälle werden in einem Schredder zerkleinert und sofort auf die Beete verteilt.

Das Schnittgut, das während der Vegetationszeit anfällt, wird ebenfalls zerkleinert und entweder sofort auf die Beete verteilt oder auch kurzfristig gesammelt und rasch verteilt. In einem Kompostbehälter werden nur noch die pflanzlichen ungekochten Küchenabfälle unter Beimischung von gröberem Schnittgut aus dem Garten gesammelt. Nach einmaligem Umsetzen wird dieser Rohkompost als Dünger für Starkzehrer eingesetzt. Um Feuchtigkeitsverluste zu vermeiden, werden die mit Rohkompost bedeckten Flächen auch immer direkt mit frischem Schnittgut abgedeckt. Bei der Beschreibung des Verfahrens könnte der Eindruck entstehen, dass die Optik der Beete und des Gartens beeinträchtigt wird. Dies ist aber in keinster Weise der Fall. Die jahrelang praktizierte Bodenpflege führt zu einem starken Wachstum, so dass es während der Sommer- und Herbstmonate zu keiner optischen Beeinträchtigung kommt. Im Frühjahr, wenn die Vegetation noch nicht den ganzen Boden bedeckt, vermittelt das fein gehäckselte Material den Eindruck eines Waldbodens, durch den die ersten Vorfrühlings- und Frühlingsblüher stoßen.

Dieses Verfahren hat den Vorteil, dass kein großer Platzbedarf für eine Kompostanlage besteht, zudem erübrigen sich mehrere Komposthaufen für die unterschiedlichen Reifegrade. Ein weiterer entscheidender Vorteil besteht darin, dass diese über Jahre erprobte Methode der Bodenpflege das Wachstum der Pflanzen erheblich gefördert hat. Offenbar haben sich viele Pflanzen dadurch auch, unabhängig von den vorhandenen Bodenverhältnissen und den damit verbundenen Einschränkungen, entwickeln können.

LINKS
Das fein gehäckselte Kompostmaterial wird im Frühling schnell vom Blattwerk der Zwiebelgewächse und Stauden überdeckt.

RECHTS
Das Farbenspiel der kleinwüchsigen Chinaschilf-Neuzüchtung 'Little Miss' leuchtet im Herbst besonders reizvoll.

Miscanthus

Durch genaue Beobachtungen der *Miscanthus*-Sämlinge hat Klaus Menzel zwei kleinwüchsige Sorten gezüchtet:

1. Chinaschilf (*Miscanthus sinensis*) 'Little Miss'

Ein ausgewachsenes Exemplar hat eine Blatthöhe von 45 bis 50 cm und die Höhe der Blütenstände beträgt ca. 90 bis 100 cm. Im Gegensatz zu den anderen *Miscanthus*-Sorten ist 'Little Miss' eine schwachwüchsige Sorte, die wunderbar im vorderen Bereich einer Staudenrabatte Verwendung findet; außerdem eignet sie sich sehr gut als Kübelpflanze. Die ausgeprägte Blattfärbung und die ungewöhnliche Dauer der Färbung zeichnen diese Sorte vor allen anderen im Handel befindlichen Sorten aus. Bereits sehr früh, etwa ab Anfang Mai, zeigt das Laub, von den Blattspitzen her beginnend, eine auffällig karminrote bis purpurfarbene Tönung, die bald den überwiegenden Teil des Horstes überzieht. Das in den beschatteten Bereichen der unteren bzw. inneren Blattpartien komplementäre Grün bildet einen lebhaften Kontrast dazu. Im Laufe der Vegetationsperiode vertieft sich diese Färbung allmählich, um schließlich im Herbst ihren stärksten farblichen Sättigungsgrad zu finden. 'Little Miss' ist seit August 2016 im Handel.

2. Chinaschilf (*Miscanthus sinensis*) 'Fire Dragon'

Die ausgewachsene Pflanze ist ein bis zu 2,20 Meter hohes und dabei standfestes Chinaschilf, dessen Laub zumeist Anfang Oktober in Farbtönen von Orange über Rot bis Rosa ein herbstliches Feuer entfacht. Dieses hält etwa einen Monat, bei einem milden Witterungsverlauf auch länger, an. Die Färbung unterliegt gewissen Schwankungen, wobei mal die warmen orangeroten Farben, mal die etwas kühleren bis rosafarbenen Töne überwiegen, während die roten mal als Zinnoberrot, mal eher als Karminrot in Erscheinung treten. Das Verfahren zur Zulassung und Patentierung ist bislang noch nicht abgeschlossen; Klaus Menzel ist aber zuversichtlich, dass diese Sorte demnächst im Handel angeboten wird.

Ein Rosentraum

Die erste Liebe galt den Rosen

Fragt man Gartenbesitzer nach den Hintergründen ihrer Pflanzen- und Gartenliebe, so ist es erstaunlich, wie häufig Kindheitserlebnisse aus Gärten prägend sind. Auch Brigitte Bergschneider führt ihre große Vorliebe für Rosen auf ihre Kindheit auf einem Bauernhof zurück. Sie lebte dort, bis sie 14 Jahre alt war – und wenn sie davon berichtet, steht der Bauernhof mit Gemüsegarten, großer Obstwiese und dem Blumengarten vor dem Haus immer im Mittelpunkt. Das Leben auf dem abgeschiedenen Gehöft konzentrierte sich vor allem auf die Großfamilie und deren Lebensalltag mit Viehhaltung und Ackerbau. Andere soziale Kontakte hatte man nur wenig.

Durch eine kleine Anekdote aus ihrer Kindheit wird deutlich, dass der Blumengarten mit Rosen, prächtigen Pfingstrosen und vielen anderen typischen Blumen wie Phlox, Margeriten und Ringelblumen im zentralen Blickpunkt der Familie stand. Auch Pfingstrosen blühten prächtig, da eine im Haus lebende Tante sie jedes Jahr mit Holzasche düngte. In einem Jahr aber hatte sie eine Pfingstrose überdüngt, sodass sie einging. Dies sorgte für intensive familiäre Diskussionen und zeigt, wie sehr nicht nur die Nutzpflanzen, sondern auch der Blumengarten in der Familie wertgeschätzt wurde. Brigitte Bergschneider sieht darin die Wurzeln für ihre Vorliebe für Gärten, insbesondere für Rosen, die ihren heutigen Garten prägen. Als Autoren denken wir bei solchen Gartenbiografien immer mit Bestürzung an die vielen sterilen Schottergärten, die in den letzten Jahren entstanden sind. Und wir fragen uns, mit welchen Prägungen Kinder in so einer Umgebung groß werden und wie sich ihr Verhältnis zu Gärten und der Natur wohl entwickeln wird.

LINKS
Die Kletterrose 'Purple Skyliner' wächst an einem Rankgerüst im violetten Beet.

OBEN
In einem dunklen Violett blüht die Strauchrose 'Rhapsody in Blue'.

Vom Gemüse zu den Rosen

Bei Brigitte Bergschneider führen ihre kindlichen Erfahrungen direkt zum heutigen Garten in Paderborn, in dem Rosen die zentrale Rolle spielen. Das Grundstück in der Elsener Straße ist seit 1920 im Besitz der Familie ihres Mannes. Damals baute der Großvater auf einem 1200 Quadratmeter großen Grundstück das Haus. Hinter dem Haus befand sich ein Garten, der der Selbstversorgung diente. Auch die nächste Generation führte bis 1999 den Garten weiter, in dem Brigitte Bergschneiders Ehemann Udo Bergschneider seine Kindheit verbrachte. Er stand den Plänen seiner Ehefrau positiv gegenüber und unterstützte sie bei all ihren Ideen. Auch ihre Kinder haben den Selbstversorgergarten und die dort vorhandenen Spielmöglichkeiten erlebt. Als die Kinder größer wurden und der Sandkasten nicht mehr benötigt wurde, ergaben sich neue Gestaltungsmöglichkeiten. Da Wühlmäuse im Gemüsegarten einen Großteil der Erträge wegfraßen, entstand die Absicht, den Garten grundlegend neu zu gestalten.

Anregungen aus fernöstlichen Lehren

Brigitte Bergschneider suchte nach Anregungen und Vorbildern. Bei den Besuchen verschiedener Gärten fand sie zunächst jedoch keine für sie überzeugenden Ideen. Erst der spontane Besuch eines Feng-Shui-Kursus inspirierte sie. Es waren die fernöstlichen Harmonielehren, die sie faszinierten und zur Grundlage ihrer Gartengestaltung wurden. Als weitere Inspiration dienten außerdem Gartenreisen nach England und Giverny in Frankreich.

Wer heute im Garten der Bergschneiders steht, kann sich der Harmonie, die der Garten ausstrahlt, nicht entziehen. Es ist der Eindruck einer fließenden Bewegung, die völlig vergessen lässt, dass das

Neben der Kletterrose 'Perennial Blue' ist der rosa-violette Rittersporn 'Magic Fountain' ein weiteres Highlight im violetten Beet.

OBEN LINKS
Mit Rosen wird der Garten in die Vertikale erweitert.

OBEN RECHTS
Falscher weißer Jasmin begleitet die Rose 'Russeliana'.

UNTEN LINKS
Durchblicke schaffen eine räumliche Tiefe.

UNTEN RECHTS
Die Rose 'Guirlande d'Amour' untermalt den kleinen Sitzplatz.

Grundstück nur 14 Meter breit und ohne das Haus etwa 70 Meter tief ist. Eine Rasenfläche schwingt sich, wie ein windender Fluss, vom Vordergrund bis in die Tiefe des Gartens. Die Mitte bildet ein kreisrundes Beet mit einer beeindruckenden Kletterrose 'Laguna'. Mit etwas Abstand dahinter befindet sich ein rechteckiges, mit Stein eingefasstes Wasserbecken. Die Beete an den beiden Längsseiten des Grundstücks fallen durch ihre abgerundeten Formen zur Rasenfläche auf. An der rechten Grundstücksseite wird es zunächst schmal, um gegenüberliegend an der linken Seite weiter vorzuragen. In der Diagonale springt das Beet umgekehrt von der rechten Seite vor und gegenüberliegend wird das mit Stauden bepflanzte Beet schmal. Dadurch, dass der Blick des Betrachters in diese Diagonalen gelenkt wird, entsteht der Eindruck einer größeren räumlichen Breite. Ein kleiner Gartenpavillon ist seitlich als Blickfänger platziert und mit seinen Proportionen setzt er einen schönen Akzent, ohne dominierend zu wirken.

Am Ende des Grundstücks verschwindet der nun schmal gewordene Rasenweg hinter einer Hecke, hinter der sich der letzte Gartenraum, ein quadratisch angelegter Kräutergarten, verbirgt.

Geschickte Raumnutzung

Direkt am Haus, unmittelbar im Anschluss an den Wintergarten, liegt der mit einem Segeltuch überdachte, ebenfalls runde Familiensitzplatz. Gegenüber hat, an der Wand zum Nachbargrundstück, noch ein kleiner Teich mit Sumpfpflanzen wie der Asiatischen Sumpfschwertlilie *(Iris laevigata)* 'Alba' oder der Schwanenblume *(Butomus umbellatus)* Platz gefunden. Der Eingangsbereich zu diesem Gartenteil ist relativ schmal, umso verblüffender ist die folgende Öffnung zur oben beschriebenen Rasenfläche und den begleitenden Beeten.

Insgesamt ist der Garten geschickt inszeniert: Zunächst die Verengung im Eingangsbereich, dann

die Öffnung zum großzügig wirkenden Mittelteil, dessen fließende Linien für den harmonischen Gesamteindruck sorgen. Schließlich verbirgt sich in der Tiefe des Grundstücks noch eine Überraschung: Hinter der Hecke versteckt sich ein streng geometrischer Kräutergarten, in dem zur Raumerweiterung große Spiegel aufgestellt wurden.

LINKS
Die Kugelahorn-Bäume (*Acer platanoides*) 'Globosum' wurden als Schattenspender vor den Wintergarten gepflanzt.

OBEN
Die Rasenfläche ist ein ruhiges Element zu den dichtbepflanzten Beeten.

Günstige Rahmenbedingungen

Die Bepflanzung des Gartens wird durch zwei Faktoren begünstigt: die Bodenverhältnisse und das Klima. Lehm sowie kleine, teilweise sandige Flächen bilden die ursprüngliche Bodenstruktur. Zudem hat die rund 100-jährige intensive Nutzung als Selbstversorgergarten einen hohen Humusanteil geschaffen. Schweine-, Hühner- und Taubenmist wurde über den gesamten Zeitraum als jährlicher Dünger verwendet, dazu wird der selbst erzeugte Kompost bis heute als Bodenverbesserer eingesetzt. Der pH-Wert liegt bei 7, sodass Rosen und Stauden optimale Bedingungen vorfinden. Das Klima auf dem Grundstück wird durch die Lage in der Stadt sowie durch die meterhoch wachsenden Hecken und Mauern der Nachbargrundstücke begünstigt. Dadurch ist ein Kleinklima entstanden, das sich vor allem im Winter positiv bemerkbar macht. Außerdem lässt der Garten genügend Luftbewegung zu, sodass keine Stauwärme entstehen kann. Für Rosen sind diese Rahmenbedingungen ideal und Brigitte Bergschneider konnte viele Rosen anpflanzen, die das Gartenbild prägen. Unter den *Empfehlungen* werden die Rosen, die sich bei ihr gut bewährt haben, aufgeführt. Außerdem beschreiben wir dort ihre Pflegemethoden, die zu einem üppigen Wachstum und überreicher Blüte geführt haben.

Allium in Töpfen

Die Rosen werden durch zahlreiche Zwiebelblumen und Stauden ergänzt. Unter den Zwiebelblu-

men sind es vor allem unterschiedliche Allium-Sorten, die mit großer Sorgfalt gepflegt werden. Sämtliche Allium-Zwiebeln wurden in Plastiktöpfe gesetzt und im Boden versenkt, so dass die Töpfe nicht zu sehen sind. Nach der Blüte werden die Töpfe im Juni/Juli aus der Erde geholt und in frische, mit Kompost angereicherte Erde gepflanzt. Dabei werden die kleinen Brutzwiebeln entfernt. Sind durch Teilung blühfähige Zwiebeln entstanden, werden auch diese getrennt. Durch die jährliche Neupflanzung bleibt die Ausbildung der Blütenkugeln – besonders bei den großblumigen Zierlauch-Sorten wie 'Globemaster' oder dem Igelkolbenlauch *(Allium schubertii)* – konstant. Außerdem sind die Zwiebeln in den Töpfen vor Wühlmausfraß geschützt. Farblich ergänzt werden die Allium durch blühendes Silberblatt *(Lunaria)* und späte Sorten von Nachtviolen *(Hesperis)*.

Beete in Violett und Weiß

Da Violett eine Lieblingsfarbe von Brigitte Bergschneider ist, hat sie ein komplettes Beet dieser Farbe vorbehalten. Die kräftig violetten Blüten des Großblütigen Purpur-Ziest *(Stachys grandiflora)* passen prima zum Allium und wurden als Randbepflanzung verwendet. Später sind es dunkelfarbige Sterndolden *(Astrantia)* und Flammenblumen *(Phlox)*, die die Farbigkeit bis spät in den Sommer erhalten. Natürlich finden sich hier auch violett blühende Rosen. Die Sorten 'Purple Skyliner', 'Perennial Blue', 'Violetta' und 'Rhapsody in Blue' wachsen an Rankgerüsten über die Stauden hinaus und werden von den Clematissorten 'Princess Kate' und 'Prince Charles' ergänzt.

Ein weiteres Beet ist der Farbe Weiß gewidmet. Um die Wirkung dieser Farbe zu steigern, wurde hinter dem Beet eine Eibenhecke *(Taxus)* gepflanzt. Das dunkle Grün der Eibe verhilft den weißen Stauden und Rosen zu mehr Strahlkraft. Im Mittelpunkt wächst die Rose 'Windrush', die von einer Vielzahl weißer Stauden wie Feinstrahlastern *(Erigeron)* 'Sommerneuschnee', Riesen-Dolden-Glockenblumen *(Campanula lactiflora)* 'Alba', Weißem Wiesenknopf *(Sanguisorba albiflo-*

OBEN
Die *Clematis viticella* 'Viola' rankt zwischen den Blüten der die Kletterrose 'Perennial Blue'.

RECHTS
Im späten Frühling bestimmen zahlreiche Kugeln des Riesenlauchs das Bild.

ra), Weißen Weidenröschen *(Epilobium angustifolium)* 'Album', Wiesen-Schwertlilien *(Iris sibirica)* 'Summer Sky', Weißen Sterndolden *(Astrantia major)* 'Shaggy' und Kandelaber-Ehrenpreis *(Veronicastrum)* 'Diana' umgeben ist. Das Wachstum dieser Bepflanzung wird durch die eingangs beschriebenen Bodenverhältnisse begünstigt.

Notwendige Umgestaltung

Aber kein Garten ist statisch, er verändert sich ständig. Der Anlass für die größte Veränderung in Brigitte Bergschneiders Garten waren in den letzten Jahren die Buchs-Krankheiten. Trotz einiger Erfolge bei deren Bekämpfung (siehe *Empfehlungen*) mussten mehrere der zahlreichen Buchshecken, die fast alle Beete einfassten, entfernt werden. Da die entstandenen Lücken nicht so schnell wieder zuwachsen, dominierten die erkrankten Pflanzen das Gesamtbild zu sehr. So wurden auch einige Hecken an den Beeträndern entfernt. Dabei stellte Brigitte Bergschneider fest, dass die vielen Buchshecken das Gesamtbild des Gartens zu sehr bestimmt hatten. Im Laufe der Jahre waren sie trotz regelmäßigen Schneidens ganz unbemerkt zu breit geworden. Für mehr Leichtigkeit im Garten pflanzt Brigitte Bergschneider nun zunehmend Gräser, die mit hellblühenden Sterndolden *(Astrantia major)* 'Roma' kombiniert werden.

Der Mittelpunkt des Gartens, das runde Beet, in dem die Kletterrose 'Laguna' rankt, wird nun nicht mehr von Buchshecken eingerahmt. Hier wachsen jetzt abwechselnd Sterndolden und Gräser und umspielen dort, wo früher die Buchshecken einen strengen Rahmen bildeten, die Rose mit ihren lockeren Wuchsformen. An anderer Stelle erzeugt auch die Kombination von Wiesenknopf *(Sanguisorba officinalis)* 'Tanna' und Chinaschilf *(Miscanthus sinensis)* 'Morning Light' diese Wirkung. Ohne den Charakter des Gartens zu verändern, macht es der Besitzerin immer wieder Freude, Details neu zu gestalten und dadurch auch neue Akzente zu setzen.

Die Rose 'Windrush' und mehrere Exemplare der Rose 'Princess of Wales' sind die Leitpflanzen im weißen Beet.

OBEN
Im Mittelpunkt des runden Beetes wächst die Kletterrose 'Laguna'. Ursprünglich war das Beet mit einer Buchshecke eingefasst.

UNTEN
Die Buchshecke war im Laufe der Jahre zu breit geworden und wurde durch eine Kombination aus Gräsern und Stauden, vorwiegend Sterndolden, ersetzt.

EMPFEHLUNGEN

Eine Chance für den Buchsbaum

Seit Jahren wird Buchsbaum *(Buxus)* von zwei Pilzkrankheiten existentiell bedroht: *Cylindrocladium buxicola* tritt besonders bei feucht-schwüler Witterung auf und entlaubt die Pflanzen innerhalb weniger Tage. Zunächst bilden sich kleine schwarze Flecken auf den Blättern, die schnell größer werden. Die Blätter fallen dann in kurzer Zeit ab. Die verholzten Stiele bleiben im Saft. Der zweite Pilz, der Buchsbaumkrebs *(Volutella buxi)*, zeigt eine orangegelbe Verfärbung der Blätter. Wenn die Blätter sich verfärbt haben, sind die Stiele bereits abgestorben.

Brigitte Bergschneider besuchte regelmäßig mit Gruppen unseren Garten am Niederrhein und wir tauschen uns seit Jahren über unsere Gartenerfahrungen aus, insbesondere über den Verlauf der Buchs-Krankheiten. Da wir aus dem professionellen Gartenbau wussten, dass alle chemischen Präparate keine dauerhafte Wirkung bei der Bekämpfung haben, sind wir schon bald über Alternativen ins Gespräch gekommen. Ein wichtiger Schritt war der Einsatz eines biologischen Blattdüngers, ein auf Aminosäuren basierendes Mittel, mit dem Brigitte Bergschneider erste Erfolge erzielte. Es zeigte sich, dass es der richtige Weg war, Buchs über Nährstoffzufuhr gezielt zu stärken. In unserem Garten haben wir außerdem Erfolg mit Algenkalk. Dieser wird in Pulverform über die Buchspflanzen gestreut und später vom Regen eingewaschen. Die Verwendung von Algenkalk in unserem Garten hat seit 2014 zu einer Erholung selbst stark angegriffener Buchspflanzen geführt. Sogar dort, wo nur noch weitgehend unbelaubtes Gehölzgerippe stand, sind die Pflanzen wieder vollkommen begrünt. Die Anwendung von Algenkalk erfolgt sowohl vorbeugend als auch bei akutem Befall. Zeigen sich befallene Stellen, sind diese umgehend zu behandeln. Der Pilzbefall stoppt sofort und breitet sich nicht weiter aus. Brigitte Bergschneider verwendet sowohl den Blattdünger als auch Algenkalk und hat damit Erfolg.

Auch der *Volutella*-Pilz ist stark zurückgegangen. Hier scheint der Winterschnitt ein entscheidender Faktor zu sein; denn von November bis März/April scheinen die Pilze nicht anzugreifen. Frau Bergschneider bevorzugt den Schnitt im März, da der *Volutella*-Pilz über die frischen Schnittstellen beim Sommerschnitt rasch angreift. So haben wir in beiden Gärten – in Paderborn und am Niederrhein – die Beobachtung gemacht, dass nicht Ansteckung, sondern Wetterlagen bzw. Verletzungen der Pflanzen durch den Sommerschnitt ein Auslöser für den Pilzbefall sind.

Erstaunlicherweise hat sich der Algenkalk auch gegen den Zünsler bewährt. Beim Einsatz des Algenkalks haben die Blätter im Inneren der Buchspflanzen einen leichten Kalkbelag bekommen. Beim erstmaligen Befall im Sommer 2017 zeigte sich, dass die mit Kalk belegten Blätter im Inneren der Pflanze die Entwicklung der Raupen verhindert haben. Zahlreiche angefressene Stellen waren nur bei genauerem Hinsehen im Bereich der Neuaustriebe festzustellen. Die Neuaustriebe waren allerdings auch nicht mit Algenkalk bepudert. Ein Eindringen in die Pflanze durch die Raupen ist nicht erfolgt. Die Schadstellen sind im Laufe der folgenden Wochen wieder weitgehend zugewachsen.

LINKS
Das frisch aufgetragene Algenkalkpulver wird vom Regen eingewaschen. Durch dieses Verfahren konnte der Buchsbaumpilz „*Cylindrocladium buxicola*“ bekämpft werden. Auch die Entwicklung der Raupen des Buchsbaumzünslers wird durch Bestäuben mit Algenkalk verhindert.

OBEN
Die stachellose Rose 'Lykkefund' ist bei Bienen und anderen Insekten sehr beliebt.

Bewährte Rosen im Garten Bergschneider

Weiß-blühende Rosen

'Christine-Hélène' (Kletterrose, stachellos, öfter blühend), 'Windrush' (Englische Strauchrose mit großen, offenen Blüten, öfter blühend), 'Princess of Wales' (halb gefüllte, mittelgroße Blüte), 'Lykkefund' (stark wüchsige, fast stachellose Strauchrose mit offenen Doldenblüten). Die Rose 'Lykkefund' zieht Bienen und andere Insekten besonders stark an.

Violett-blühende Rosen

'Purple Skyliner' (Kletterrose, fast stachellos, öfter blühend), 'Perennial Blue' (Strauchrose, gefüllt, öfter blühend), 'Violetta' (Kletterrose, dunkelviolett, fast stachellos), 'Rhapsody in Blue' (Strauchrose, gut duftend, öfter blühend).

Rosa-blühende Rosen

'Raubritter' (Kletterrose, einmal blühend, auffallend kugelige Blütenform, ohne Duft), 'Laguna' (Kletterrose, stark wüchsig mit gutem Blütenansatz, duftend).

Pflegemethoden

Die Rosen werden mit einem Naturdünger, der wachstumsverbessernde *Mykorrhiza*-Pilze enthält, versorgt. Ein organischer Blattdünger auf Aminosäure-Basis (Siapton) wird in flüssiger Form nach dem Blattaustrieb über die Rosen gespritzt. Damit werden im Garten Bergschneider auch Erkrankungen der Rosen weitgehend verhindert.

Ein Garten wächst über sich hinaus

„Was man zum Leben braucht"

Feierabend, dieses bei vielen leider aus dem Sprachgebrauch verschwundene Wort, war die spontane Assoziation, die uns in den Sinn kam, als wir zum ersten Mal nach Hergershausen kamen und das Ehepaar Maren Gatzemeier und Mathias Brendle besuchten. Sicherlich lag das auch an der gemütlichen Zweisitzer-Holzbank direkt neben dem zweiflügeligen Hoftor an der Hausfront. Der Fachwerkbau aus dem frühen 19. Jahrhundert steht im süd-hessischen Ort im Kreis Darmstadt-Dieburg, in einer Reihe mit weiteren Fachwerkhäusern, jeweils etwas versetzt zueinander platziert. Äußerlich unterscheiden sich die Häuser kaum, neben einer der Straße zugewandten Giebelfront verfügen alle Gebäude über ein breites Tor, welches auf das dahinterliegende Grundstück führt.

OBEN
In einem versteckten Winkel des Gartens dient ein abgesägtes Rotweinfass als Entspannungsbecken.

RECHTS
Die von den Kletterrosen 'Albéric Barbier' und 'Alchymist' berankte Giebelfront des alten Fachwerkhauses gibt einen Vorgeschmack zum Garten hinter dem grünen Hoftor.

Eine Oase der Ruhe

Öffnet sich das Tor zum Hof Nr. 10, betritt man eine Welt, in der die Begriffe Ruhe, Muße und Gelassenheit für die Haus- und Gartengestaltung sofort sichtbar werden. Auf den ersten Blick fallen keine spektakulären Pflanzungen ins Auge, es sind vielmehr das Zusammenspiel von Bepflanzung und Bodenbelag sowie die Gestaltungselemente, die diesen Eindruck vermitteln. Auf diese Elemente werden wir später im Einzelnen eingehen, doch ein Detail ist ebenso kurios wie einfallsreich: Da das 600 Quadratmeter große Grundstück nicht von einem Schwimmteich dominiert werden sollte, steht ein 1200 Liter fassendes Rotweinfass, dessen Deckel abgesägt wurde, als Entspannungsbecken in einem versteckten Winkel dieses Gartens. Allerdings musste das Fass nach 15 Jahren ersetzt werden.

ALLE GARTENWÜNSCHE SIND ERFÜLLT:

Ein Gartenhaus als geschützter Sitzplatz am Ende des Gartens (oben links). Der kleine, von einem Staketenzaun eingerahmte Gemüsegarten (oben rechts). Dazu ein Teich, in dem sich Frösche und Molche wohl fühlen (unten links) und ein Flammkuchenofen in der hinteren rechten Ecke der Gartenanlage.

Der Garten als Lebensraum

Der gesamte Garten strahlt das Lebensgefühl aus, für das sich die beiden Besitzer, Maren Gatzemeier und Mathias Brendle, entschieden haben. Beide sind in verantwortungsvollen Positionen als Teamleiter in großen Frankfurter Firmen tätig und damit bestens mit den hohen Anforderungen der Arbeits- und Wirtschaftswelt vertraut. Doch beide verzichten bewusst auf eine Vollzeitbeschäftigung, um möglichst viel ländliche Lebensqualität zu genießen. Diese besteht nicht aus intensiver Teilnahme an der Konsumgesellschaft, sondern zeigt sich in einem Lebensstil, der bewusst auf das zum Leben Notwendige, allerdings in durchaus gehobener Form, zugeschnitten ist. Unverzichtbar sind dabei auch die sozialen Kontakte in der Dorfgemeinschaft. So stecken sie ihre Ideen und ihre Zeit unter anderem in die Gestaltung von Gemeinschaftseinrichtungen. Ausgangspunkt war ein leer stehendes ehemaliges Schulhaus, das als Einwohnertreffpunkt genutzt werden sollte. Dafür wurde der Verein „HERIGAR e.V." ins Leben gerufen, durch den auch die Idee für einen Sinnengarten entwickelt wurde. Das führt uns wieder zu dem eingangs gebrauchten Begriff Feierabend. Denn hier wurde eine entspannte Umgebung geschaffen, die soziale Interaktion der Dorfgemeinschaft mit hohem Freizeitwert ohne jeglichen kommerziellen Hintergrund ermöglicht.

Die Wunschliste

Der Gartenplan für den Garten von Maren Gatzemeier und Mathias Brendle entstand auf der Hochzeitsreise in der Wüste Namibias. Vielleicht war es die karge Umgebung, die ihre Phantasien besonders beflügelte und die Träume von der heimischen Oase wachsen ließen. Es sollten möglichst viele gärtnerische Wünsche erfüllt werden: vielfältige Staudenbeete, ein Naturteich, ein Steingarten, ein Gemüsegarten, auch verschiedene Sitz- und Ruheplätze durften nicht fehlen. Außerdem musste eine Garage Platz finden und auch eine Pergola stand auf der langen Wunschliste. An einen Schwimmteich dachten die Beiden zwar auch, aber es war klar, dass die Grundstücksgröße ein solches Projekt nicht zuließ. So entstand die Idee mit dem aufgesägten Rotweinfass als Entspannungsbecken. Auch das in eine Garage und ein Gartenhaus aufgeteilte Nebengebäude wurde geschickt in die Gestaltung miteinbezogen. Das 3,20 Meter bzw. 4 Meter breite und ca. 15 Meter lange Gebäude erhielt ein Pultdach und wurde nach sorgfältiger Planung mit trockenheitsverträglichen Pflanzen wie Weiße Fetthenne *(Sedum album)* oder Dachwurz *(Sempervivium)* begrünt. Da die Wohnetagen des Fachwerkhauses etwas erhöht über dem Souterrain liegen, fällt der Blick vom Wohnzimmer und der sich anschließenden Terrasse auf die Dachfläche, die wie ein weiterer Gartenteil wirkt. Das Dach ist die größte einheitlich bepflanzte Fläche geworden. Aber auch alle anderen planerischen Vorhaben wurden verwirklicht.

„In der heutigen Zeit beeinflussen uns Schnelllebigkeit und Reizüberflutung. Im Garten werden die Zeiten von der Pflanzenwelt bestimmt!"

Alle Wünsche erfüllt

Als kleine Gartenräume liegen ein Rosenbeet, ein Teich mit einer Sumpfzone und ein Steingarten leicht versetzt hintereinander. Am Ende des Gartens, vor einer großen Scheune auf dem Nachbargrundstück, steht in einer Ecke der Gartenpavillon. In der gegenüberliegenden Ecke befindet sich unter einem Zwetschgenbaum ein Flammkuchenofen mit einem Sitzplatz. Ein kleiner mit einem Staketenzaun eingefriedeter Gemüsegarten, eigentlich ein großes Gemüsebeet, wird links und rechts von zwei Beeten begrenzt, die mit einem Chinesischen Blumen-Hartriegel *(Cornus kousa)* und einem Amerikanischen Blumen-Hartriegel *(Cornus florida)* bepflanzt sind. Der Chinesische Blumen-Hartriegel verdeckt das in einer Nische hinter dem Garagenbau stehende aufgesägte Weinfass.

So ist auf dem 55 Meter tiefen und 11 Meter breiten Grundstück eine Miniatur-Gartenlandschaft entstanden, die sich perfekt in die enge historische Bebauung der Fachwerkhäuser einfügt. Es ist erstaunlich, dass der Garten, trotz seiner gestalterischen Fülle, nicht überladen wirkt, sondern Ruhe und Gelassenheit ausstrahlt. Dabei spielt es eine große Rolle, dass die kleinen Wege, die die Gartenräume voneinander abgrenzen und gleichzeitig verbinden, mit Kies belegt sind. Im Gegensatz zu gepflasterten Steinen ist Kies ein Material, das sich unterordnet und so in einem Gartenbild für Ruhe und Aufhellung sorgt. Zusätzlich werden alle Mauern, die den Garten umgeben, mit Rosen *(Rosa)*, Waldreben *(Clematis)*, Wildem Wein *(Parthenocissus quinquefolia)* oder Kletterhortensien *(Hydrangea petiolaris)* berankt. Zusammen mit vier Bögen, an denen ebenfalls Rosen und Clematis ranken, erweitern sie den Garten in die Vertikale.

„Sinneseindrücke, die wir wahrnehmen, formen unser Bewusstsein, unser Gefühl, unser Denken und unser Handeln.“

Freude am Detail

Die Bepflanzung ist bis ins kleinste Detail durchdacht und zeugt von der Pflanzenkenntnis der Besitzer, die sich über Jahre entwickelt hat. Vom sonnigen und trockenen Standort vor der Mauer der Garage bis zur Sumpfzone am Rande des Teiches wurden viele verschiedene Stauden, ihren Standortansprüchen gemäß, platziert. Die Entwicklung der Pflanzen wird ständig beobachtet und die Ausgewogenheit und Zusammenstellung spiegelt die Freude des Ehepaares wider, die faszinierenden Gartenbilder durch fortlaufende Korrekturen zu erhalten.

Die Vertikale betonen

Zahlreiche Kletterrosen und Clematis, die an den Wänden der Gebäude, an den Rosenbögen und an den Mauern, die das Grundstück begrenzen, empor ranken, tragen wesentlich zum Gesamtbild des Gartens bei. Am Haus wächst ein Japanischer Blauregen *(Wisteria floribunda)* bis zum Dach und an der Nordostseite wurde die Kletterrose 'City of York' wie eine Girlande über 10 Meter an der Wand entlang geleitet. Die Pergola, die die Terrasse vor dem Wohnzimmer beschattet, wurde an der Seite mit Wein der Sorte 'Sangiovese' bepflanzt. Eine besondere Kletterrose 'Mme. Grégoire Staechelin' bedeckt die Wand vor dem Garagenanbau mit ihren flattrigen rosafarbenen Blüten. Später im Jahr trägt sie auffallend große Hagebutten, die an kleine Birnen erinnern. Alle Rankpflanzen sind beliebte Nistplätze für Vögel. Da das Wachstum der verschiedenen Rankpflanzen unterschiedlich stark ist, ist allerdings ständiges Schneiden nötig, um das gewünschte Bild zu erhalten. Der Blauregen würde alles überwuchern und auch die Berg-Waldrebe *(Clematis montana)* ist ein problematischer Nachbar für andere Gewächse. Sie ist unglaublich vital und überwuchert alles, wenn sie nicht regelmäßig geschnitten wird. Die große gärtnerische Kunst, alles wie natürliches Wachstum scheinen zu lassen, ohne dass die korrigierenden Eingriffe sichtbar sind, wird von Maren Gatzemeier und Mathias Brendle bis zur Perfektion beherrscht.

Der abgesägte Deckel des Rotweinfasses wird von der einmal blühenden Kletterrose 'Mme. Grégoire Staechelin' umrankt. Diese Rose trägt im Herbst besonders große Hagebutten in Birnenform.

Die Pflanzenliebe ins Dorf getragen

Als im Jahr 2008 Hergershausen als „Gartendorf“ in das südhessische Programm „Route der Regionalgärten“ einbezogen wurde, sah das Ehepaar Gatzemeier-Brendle eine Möglichkeit, seine inzwischen umfangreichen gärtnerischen Kenntnisse in den gegründeten Arbeitskreis einzubringen. Denn innerhalb dieses Arbeitskreises war die Idee entstanden, am ehemaligen Schulhaus einen „Sinnengarten“ anzulegen. Hier sollen die grundlegenden Wahrnehmungen der Menschen, also Sehen, Hören, Riechen, Schmecken und Fühlen, in einer ausgewählten Pflanzenwelt wieder mit der Natur verbunden werden. Gleichzeitig wurde die ehemalige Schule zu einem dörflichen Kommunikationszentrum umgebaut. Wie viele Orte im Umfeld der Metropole Frankfurt hat auch Hergershausen seine ehemals auf Landwirtschaft ausgerichtete Struktur verloren und sollte nicht in die Anonymität eines „Schlafortes“ verfallen.

Mitstreiter im Verein

Daher wurde der Verein „HERIGAR e.V.“ gegründet, in dem Maren Gatzemeier als zweiter Vorstand mitarbeitet. Mathias Brendle ist Mithelfer bei den vielen Aktivitäten, die sich in den letzten Jahren rund um den „Sinnengarten“ entwickelt haben. Die Palette der Aufgaben, die in der Vereinsgemeinschaft ausgeführt werden, reicht von praktischen Arbeiten wie Pflanzen, Rosenschneiden, Unkrautjäten bis zur Sponsorensuche. Das Projekt hat einen Gesamtkostenrahmen von 42.000 €, für den öffentliche wie private Geldgeber gefunden werden mussten. Heute präsentiert sich das alte Schulhaus als eine Versammlungsstätte mit drei Bereichen: einer Küche, einem Boule-Platz und einer Sitzgruppe, die alle von der Allgemeinheit genutzt werden. Am Wochenende gibt es außerdem einen kleinen Café-Betrieb, der von ehrenamtlichen Helfern geführt wird.

BLICK IN DIE BEIDEN GARTENRÄUME DES ÖFFENTLICHEN SINNENGARTENS:

Das obere Bild zeigt die Wildblumenwiese mit einem monolithischen Basaltblock, dem „Summstein“. Unten ist der Eingangsbereich des ehemaligen Schulhauses mit einem Pavillon zu sehen. An den drei Bögen im Vordergrund wachsen die Kletterrosen ‘Golden Gate’, ‘Moonlight’ und ‘Rosanna’.

Ein Garten für alle Sinne

Der „Sinnengarten“ besteht aus zwei Bereichen: ein Teil des ehemaligen Schulhofes wurde zu einem Boule-Platz umgestaltet, dazu gehört ein Pavillon, zu dem zwei mit Rosen und Clematis bepflanzte Laubengänge führen. In einer schmalen Rabatte wird das Sehen, Riechen, Schmecken und Fühlen durch Kräuter und Stauden möglich, wobei eine extrem stachelige Polsterpflanze, das Igelpolster *(Acantholimon glumaceum)* das Fühlen in schmerzhafter Weise spürbar macht. Das Hören beschränkt sich hier auf das Summen von Bienen und Hummeln sowie auf den Vogelgesang. Im zweiten Teil des Sinnengartens wird es durch einen großen „Summstein“ aus Basalt noch besonders akzentuiert. In dem 2,30 Meter hohen Steinblock sind zwei Höhlungen eingefräst, die ein besonderes Hörerlebnis möglich machen. Hält man den Kopf hinein und summt dabei, scheint ein tiefes Summen der Millionen Jahre alten Geschichte dieses Basaltsteins zu entspringen. Der Stein steht auf der angelegten Wildblumenwiese, die durch einen Tunnel aus Hainbuchen erreicht wird. Das 800 Quadratmeter große Wiesenstück wird zur Umgehungsstraße hin durch einen Saum einheimischer Wild- und Blütengehölze begrenzt. Die Wildblumenwiese, durch die sich ein Weg windet, ist in einem mehrjährigen Prozess entstanden, der in unseren *Empfehlungen* gesondert beschrieben wird.

Narzissen verbinden die Ortsteile

Ein weiteres Gemeinschaftsprojekt ist die Bepflanzung der Straßenränder mit Narzissen: So sollen die einzelnen Ortsteile der Gemeinde Babenhausen miteinander verbunden werden. In den vergangenen Jahren wurden jeweils im Herbst bereits drei von sechs Teilstrecken realisiert und insgesamt 78.000 Wilde Narzissen *(Narcissus pseudonarcissus ssp. lobularis)* gepflanzt. Diese früh blühende Sorte in zartem Gelb hat den Vorteil, dass sie sich gut versamt, ohne dass die Blühwilligkeit der Zwiebel beeinträchtigt wird. Örtliche Sponsoren finanzierten die Anschaffung und freiwillige Helfer beteiligten sich an der Pflanzaktion. Im Herbst 2017 ist die Aktion mit 16.000 Narzissenzwiebeln fortgesetzt worden.

Für die Bepflanzung der Straßenränder wurde die Narzissenart *Narcissus pseudonarcissus ssp. lobularis* gewählt. Sie hat den Vorzug, dass die Samenbildung nicht die Blühfähigkeit beeinträchtigt und sie sich dadurch gut vermehrt.

EMPFEHLUNGEN

Dachbegrünung

Die Dachfläche des Nebengebäudes, das als Garage, Geräte- und Gartenhaus genutzt wird, beträgt 80 Quadratmeter. Die Hälfte der Dachfläche hat eine Neigung von 18°, die der anderen Hälfte beträgt 23°. Auf die Dachsparren wurden Rauspundbretter genagelt und darüber eine Folie aus Polyethylen befestigt. Um ein Abrutschen der 1,5 mm dicken PE-Folie und des aufzutragenden Substrats zu vermeiden, wurden einige Schwellen von 4 cm Höhe eingebaut. Eine 5 cm starke Schicht Gartenboden vom örtlichen Kompostwerk ist die Grundlage für die Bepflanzung, die aus verschiedenen Sedum-Arten besteht: Weiße Fetthenne *(Sedum album)*, Scharfer Mauerpfeffer *(Sedum acre)*, Rotmoos-Mauerpfeffer *(Sedum album)* 'Coral Carpet', Reichblühendes Fettblatt *(Sedum floriferum)*, Sibirische Fetthenne *(Sedum hybridum)*, Kamtschatka-Fetthenne *(Sedum kamtschaticum)*, Kaukasus-Fetthenne *(Sedum spurium)*, Hohe Fetthenne *(Sedum telephium)* sowie verschiedene Sorten Dachwurz *(Sempervivium)* und Schwefel-Nelken *(Dianthus knappii)*. Pro Quadratmeter wurden 16 Pflanzen gepflanzt. Die Bodenschicht musste außerdem mit mineralischem Substrat ergänzt werden, da die sandigen Anteile des Gartenbodens vom Wind fortgetragen wurden. Nach drei bis vier Jahren war die Pflanzendecke schließlich geschlossen. Probleme mit Unkräutern bestehen nicht, da aufkeimende Wildkräuter auf dem nach Südwesten ausgerichteten Extremstandort sehr schnell verdorren. In besonders trockenen Sommern wird mit Schlauch und Gießbrause von einer Leiter aus gewässert. Ansonsten beschränkt sich die Arbeit auf einen Rückschnitt der hohen Sedum-Arten Ende Februar.

LINKS
Durch die Dachbegrünung von Garage und Gerätehaus ist der Garten optisch vergrößert worden.

RECHTS
Für den Bläuling ist der Gelbklee eine begehrte Nahrungsquelle.

Anlage der Wildblumenwiese

Das Grundstück war zuvor zwei Jahre lang eine Brachfläche und wurde zeitweilig auch als Pferdekoppel genutzt. Daher waren mehrere Schritte nötig um die 800 Quadratmeter große Wildblumenwiese anzulegen.

1. Schritt

Im Dezember 2011 wurde die Fläche grob mit einem Traktor gefräst, damit sie in den Wintermonaten durchfrieren konnte.

2. Schritt

Um eine feinkrümelige bearbeitungsfähige Oberfläche zu erhalten, wurde die Fläche im Frühjahr 2012 mit einer Motorfräse bearbeitet. Steine und grobe Grassoden mussten von Hand entfernt werden.

3. Schritt

Im April 2012 konnten die Wiese und der Weg ausgesät werden. Für die Wiese wurde eine Saatgutmischung gewählt, die nur einmal im Jahr gemäht werden muss. Sie besteht zu 90 Prozent aus Wildstauden und 10 Prozent aus Gräsern, so dass besonders Schmetterlinge und Wildbienen angezogen werden. Die Grasmischung für die Wege, ein Blumen- und Kräuterrasen, enthält 80 Prozent Gräser und 20 Prozent niedrige trittverträgliche Wildstauden und muss alle sechs bis acht Wochen gemäht werden.

4. Schritt

Sechs Wochen nach der Einsaat erfolgte ein erster Schröpfschnitt mit der Motorsense. Auf diese Weise sollte die Versamung von schnell sprießenden Wildkräutern vermieden werden. In den folgenden Wochen mussten immer wieder Melde und Hirtentäschel von Hand entfernt werden.

Auch in den folgenden Jahren mussten immer wieder unerwünschte Wildkräuter, wie Beifuß *(Artemisia vulgaris)*, Ampfer *(Rumex)* und Schöllkraut *(Chelidonium majus)* entfernt werden. Unter den gewünschten Wildstauden ist der Rainfarn *(Tanacetum vulgare)* sehr dominant und muss auf den Gehölzrand beschränkt werden. Besonders erfolgreich war die Ansiedlung des Kleinen Klappertopf *(Rhinanthus minor)*, dessen Samen auf vorhandenen Wildwiesen der Umgebung geerntet werden konnte.

Für die Frühlingsblüte sind inzwischen außerdem 1500 kleine Krokusse *(Crocus chrysanthus)*, 3000 wilde Narzissen *(Narcissus pseudonarcissus ssp. lobularis)* und 3000 großblumige Narzissen in verschiedenen Sorten gepflanzt worden.

Der jährliche Wiesenschnitt erfolgt mit der Motorsense inzwischen im November, wenn der Bewuchs noch aufrecht steht. Der allgemein empfohlene Schnitt im Frühjahr hat sich einerseits wegen der gepflanzten Zwiebelblumen als ungünstig erwiesen. Andererseits werden die Gräser und Stauden im Laufe des Winters zu Boden gedrückt und es entsteht ein schlecht zu mähender Filz.

Fazit

Die Wildblumenwiese verändert sich immer noch von Jahr zu Jahr deutlich. Infolge der beabsichtigten Ausmagerung nimmt die Höhe der Stauden langsam ab, die Vielfalt nimmt zu. So wurden 2017 zum ersten Mal Pastinaken entdeckt. Auch die Anzahl der Insekten und Vögel steigt ständig. Die Vögel nisten nicht nur in den Nisthilfen, sondern überwiegend in den inzwischen hochgewachsenen Sträuchern im Randbereich.

UNTEN
Im Sommer lockt die Wildblumenwiese Schmetterlinge und Insekten in großer Zahl an.

RECHTS
Bei genauem Hinschauen sind viele reizvolle Wildblumen zu entdecken, wie die blaue Ackerwitwenblume und der Kleine Klappertopf.

Der Weite Raum geben

„Der Weite Raum geben"

Die Landschaft unweit der holländischen Stadt Nijmegen erinnert an die Bilder der niederländischen Maler Jan van Goyen und Salomon Ruysdael aus dem 17. Jahrhundert: Ihre Bilder bestehen zu fast zwei Dritteln aus Himmel mit gewaltigen Wolken, der unteren Bildteil wird von Landschaften oder Stadtansichten, deren Kirchtürme hoch in den Himmel ragen, ausgefüllt. In der Landschaft spielt Wasser in Form von Flüssen oder Seen eine große Rolle. Nähert man sich dem Garten von Lily und Fried Frederix im Dorf Persingen, findet man genau so eine Landschaft. Das Land ist so flach wie ein Brett, nur ein Höhenzug, ein Endmoränenrest der vorletzten Eiszeit, der sich einige Kilometer entfernt befindet, schafft etwas Struktur in dieser Weite. Gerade die Aussicht und die wasserreiche Umgebung waren im Jahr 2003 der Grund für das Ehepaar, das Haus „de Villa" mit zwei Hektar Grundstück zu erwerben. Das nahe Naturschutzgebiet gab ihnen außerdem noch die Sicherheit, dass dieser Ort nicht zersiedelt werden würde. In den 1930er-Jahren hatte ein Lehrer, der von einem der Bauernhöfe aus dem Ort stammte, das Haus gebaut. Der weiße Schriftzug „de Villa" am Giebel des Backsteingebäudes ist ein ironischer Ausdruck dafür, dass das Haus als einziges im Dorf keinen Viehstall hatte – abgesehen von einem Hühnerstall. Das große Grundstück in der vom nahen Rhein (niederl. Waal) geprägten ländlichen Umgebung war der Ort, an dem sich die beiden nach der Pensionierung ihre Gartenträume erfüllen wollten. Nachdem die drei Söhne das Elternhaus verlassen hatten, plante das Ehepaar Frederix seinen zukünftigen Ruhestand. Sie schwankten zwischen einem zweiten Haus im sonnigen Süden Europas oder einem anderen Haus in den Niederlanden mit viel Fläche, um

LINKS
Zwei 6 Meter hohe Obelisken aus Cortenstahl leiten den Blick in die Landschaft.

OBEN
Die weiten Wiesenflächen der Umgebung werden als Weideland genutzt.

einen großen Garten anzulegen. Die gemeinsame Begeisterung für Gärten gab schließlich den Ausschlag für „de Villa“.

„Es gibt nichts Schöneres als ein Garten, der mit seiner Umgebung verschmilzt.“

Prägung in der Kindheit

Lily und Fried Frederix wurden in ihrer Kindheit durch ihre Väter geprägt, die große Gärten zur Selbstversorgung unterhielten und zudem viel Freude an der Pflanzenwelt hatten. Beide waren an der Universität in Wageningen eingeschrieben: Lily Frederix studierte Biologie und ihre Neugierde für die tieferen Zusammenhänge in der Natur führte sie in die Zell-Forschung, in der sie bis zu ihrem Ruhestand arbeitete. Fried Frederix studierte zunächst „Landbau-Economie“, ging dann in die landwirtschaftliche Wirtschaftsberatung und übernahm später eine führende Position im Management eines großen Wirtschaftsberatungsunternehmens. Die beruflichen Werdegänge der beiden zogen mehrere Wohnortwechsel nach sich, doch jeder Wohnsitz war mit einem Garten verbunden. „Ich habe in meinem Leben an jedem Wohnort einen Gemüsegarten angelegt und unterhalten“, erzählt Fried Frederix.

Die Leidenschaft für Gärten war der Grund für den mutigen Schritt, zu Beginn des Ruhestandes auf 2 Hektar schwerem Lehmboden eine Gartenlandschaft zu schaffen. Das flache Grundstück in einer von Wasser geprägten Landschaft mit weitem Horizont entsprach genau ihren Vorstellungen. Lily Frederix betont, dass der weite Himmel mit seinen sich ständig verändernden Wolkenformationen besonders im Winter einen wesentlichen Teil ihres „Wohngefühls“ in Persingen ausmacht. Zunächst wurde das Haus um einen Anbau mit großen Fenstern, der die Architektur der 30er Jahre aber in keiner Weise stört, erweitert. Danach wandten sie sich der Gartengestaltung zu.

Das Vorbild war Barnsley House

Heute besteht der Garten „de Villa“ aus drei Teilen, die jeweils Epochen der niederländischen Gartenkultur widerspiegeln. In der unmittelbaren Umgebung des Hauses sind mehrere Gartenräume entstanden, die unter Einfluss der englischen Gartenkultur entstanden sind. So war zum Beispiel Rosemary Vereys berühmter Garten um Barnsley House das Vorbild für den 110 Quadratmeter großen Knotengarten vor dem Giebel des Wohnhauses. Ein langgestrecktes, rechteckiges Beet wird rechts und links von jeweils zwei quadratischen Beeten eingefasst. Die kunstvolle Ornamentik wird aus einer dunklen Buchssorte *(Buxus sempervirens)* und und einem hellen Buchs *(Buxus sempervirens)* 'Elegantissima' gebildet. Die Wege zwischen den Beeten sind mit Kies belegt und hellen das Gesamtbild ansprechend auf. Die perfekt geschnittenen Elemente erinnern an alte Kupferstiche, welche Gärten der Renaissance zeigen und machen deutlich, dass die Knotengärten dort ihren Ursprung haben. Jeweils drei große Kuben aus Eiben *(Taxus)* trennen den Knotengarten von den angrenzenden Gartenräumen.

In einem weiteren, mit Hecken abgeteilten Gartenraum bildet ein rechteckiges Wasserbecken den Mittelpunkt. Es ist von einer Rasenfläche umgeben und entlang der Hecken wurden Rabatten mit Stauden, Gehölzen und einigen Rosen angelegt. Hier gibt es keine kräftigen Farben, vielmehr wird das Bild wird von Grüntönen bestimmt. Lediglich einige farbige Seerosen *(Nymphaea)* im Wasserbecken setzen einen Akzent, stören aber nicht den beschaulichen Charakter.

Erfahrungen aus der Kindheit

Eine breite, von Hortensienbüschen gesäumte Einfahrt führt von der Straße zu den Garagen und zu dem Gartenhaus mit einer Gästewohnung. Gleichzeitig trennt die Zufahrt die hausnahen Gartenbereiche von der Obstwiese und dem Gemüsegarten. Beide Gartenräume gehen auf die Erfahrungen der Kindheit zurück, als Gärten in erster Linie der Selbstversorgung dienten. Ein Hühnerstall mit eingezäuntem Auslauf rundet das Bild ab. Der Gemüsegarten ist mit einem Rosenbogen und vielen Sommerblumen geschmackvoll gestaltet und die große Fruchtbarkeit des Bodens lässt alles besonders üppig gedeihen. Kürbisse, Gurken und Zucchini am Boden sowie ein dichter Behang von blauschwarzen Brombeeren an Rankgerüsten sind Gartenbilder, die an barocke Stillleben erinnern. Gemüsegarten und Obstwiese umgibt ein nostalgischer Reiz und sie repräsentie-

OBEN LINKS
Die Auffahrt wird von Hortensienbüschen gesäumt.

OBEN RECHTS
Ein Wasserbecken bildet den Mittelpunkt des sonst grünen Gartenraums.

UNTEN LINKS
Vor dem Haus liegt der ornamentale Knotengarten.

UNTEN RECHTS
Der Gemüsegarten wurde mit Sommerblumen ergänzt.

ren eine Gartenkultur, die unterzugehen droht. Die vielen Detailkenntnisse, die für den Gemüseanbau nötig sind, bringen Lily und Fried Frederix aus ihrer Kindheit mit und mussten nicht mühsam erlernt werden.

Dezente Eleganz

Der Gartenbereich hinter dem Haus ist wieder unter englischem Einfluss entstanden und zeichnet sich durch eine dezente Eleganz aus. Eine große Rasenfläche mit Bäumen wird nach Westen hin durch drei offene „Gartenkammern" begrenzt. Die Eibenhecken, die diese Kammern voneinander trennen, wurden gestaffelt gepflanzt, so dass sie an historische Theaterkulissen erinnern. In den Kammern wachsen Stauden, Gräser und Gehölze. Auf der gegenüberliegenden Seite wird die Rasenfläche von einem eigenständigen Element begrenzt: Ein von Buchskugeln flankierter Weg führt zu einem kleinen Gartenhaus, in dem Geräte untergebracht werden. Rechts und links des Weges befinden sich Rabatten mit Stauden und Sträuchern, die von einigen alten Obstbäumen überragt werden

LINKS
Die Vorbilder der englischen Gartenkultur werden bei diesem von Buchskugeln gesäumten Weg sichtbar.

UNTEN
Von den hausnahen Gartenräumen fällt der Blick auf die Pferdekoppel, die zum Gräser- und Staudengarten überleitet.

Der Weg in die Weite

Den zweiten Gartenteil in der offenen Landschaft betritt man durch ein typisch englisches Gattertor und stößt zunächst auf eine idyllische Pferdekoppel mit dem Charakter einer Wildwiese. Dadurch wurde ein fließender Übergang zwischen dem formal gestalteten Hausbereich und dem Gräsergarten geschaffen und die Weite der Umgebung wird zu einem wesentlichen Element der Gestaltung. Sämtliche Sichtachsen enden mit dem herrlichen Ausblick auf die Wiesen und Felder des Umlandes. Die Sichtachsen sind aber nicht gradlinig, wie in den vorderen Gartenteilen, sondern ergeben sich aus den in schwungvollen Bögen angelegten Beeten, die von Rasenwegen begleitet werden. Zwei Obelisken aus durchbrochenem

Zahlreiche Gräser in unterschiedlichen Höhen sind die Leitpflanzen in dem ein Hektar großen Wiesengarten.

Stahl ragen 6 Meter hoch über den Garten. Sie ziehen als 'doorkijktoorens' (wörtlich übersetzt „Durchgucktürme“) den Blick auf sich und verstärken eine Sichtachse, die von der Terrasse am Haus bis in die Landschaft führt.

Zeitgenössische Gartenkunst

Der Gräsergarten ist unter dem Einfluss von Piet Oudolf entstanden, der nicht weit entfernt, in Hummelo, seinen berühmten Schaugarten hat. Piet Oudolf ist der zurzeit wohl bekannteste Gartendesigner und darf als Begründer des Gartenstils „Dutch Wave“ bezeichnet werden. Er hat die Gräser-Stauden-Kombinationen, wie sie hier umgesetzt worden sind, populär gemacht. Vor allem Ziergräser geben den Pflanzungen eine locker-bewegte Form und stehen im Gegensatz zu den streng geschnittenen Hecken, die für die englische Gartengestaltung so typisch sind.

Der Gartenstil „Dutch Wave“ wurde hier besonders schön umgesetzt. Die Beete durchziehen in großen, schwungvollen Bögen die Fläche, begleitet von Rasenwegen, die diesen Formen folgen. Wellenförmig ist auch die Höhe der Beete, in denen, kombiniert mit kleineren Stauden und Gräsern, hochwachsende *Miscanthus*-Sorten Höhen von bis zu 3,50 Meter erreichen. Auch wenn kein Wind weht, bringen die kompakten Wuchsformen der Gräser, die sich nach oben in lockere Formen auflösen, Bewegung ins Bild. In Wellenform durchziehen auch einzelne Staudenarten, z.B. das Patagonische Eisenkraut *(Verbena bonariensis)*, die dichte Bepflanzung. Insgesamt dominieren aber die Gräser und werden ergänzt durch viele unterschiedliche Stauden, die von Juni bis in den Herbst blühen. Sie sind alle in zurückhaltenden Farben und Formen gehalten; kräftiges Rot fehlt ganz, Gelb ist nur einzeln eingestreut, um die Blau-Violett-Weiß-Kombinationen aufzuhellen. Auf großblumige oder auffallende Stauden wurde ganz verzichtet, stattdessen gibt es zahlreiche zarte Rispen- und Doldenblüher wie Sterndolden *(Astrantia)*, Wasserdost *(Eupatorium)*, Weidenröschen *(Epilobium)* oder verschiedene Sorten Ehrenpreis *(Veronica)*. Der schwere, fruchtbare Boden lässt die ausgewählten Pflanzen kräftig werden, so dass ein sorgfältig abgestimmtes Bild von Gräsern und Stauden entstanden ist.

OBEN
Auf dem vollkommen flachen Gelände sorgt die überlegte Pflanzung aus Gräsern und Stauden für eine bewegte, wellenförmige Oberflächenstruktur.

UNTEN
Eine reizvolle Kombination aus Phlox und Gräsern: Hinten wächst das hohe Garten-Reitgras (*Calamagrostis*), Schmielen (*Deschampsia*) umspielen den Phlox.

LINKS
Der Samenstand des Roten Sonnenhutes *(Echinacea purpurea)* dient den Vögeln als Nahrung.

OBEN
Raureif formt aus den verblühten Stauden und Gräsern ein attraktives Winterbild.

Lehmboden als Grundlage

Wir Autoren bewundern dieses kräftige Wachstum immer wieder, denn in unserem, etwa 25 km entfernt liegenden Garten, bleiben dieselben Stauden nur zierlich. Auf dem mineralarmen sauren Sandboden unseres Gartens sind z.B. Sterndolden *(Astrantia)* nur klein, während sie im Lehmboden zu kräftigen, üppig blühenden Stauden mit bis zu 80 cm Höhe gedeihen. Unter *Empfehlungen* sind die Stauden aufgelistet, die im Lehmboden des Gartens „de Villa" gut wachsen. Die Gräser-Stauden-Mischung ist auch im Winter noch äußerst attraktiv, besonders mit etwas Raureif oder dem bei uns selten gewordenen Schnee. Erst wenn der Neuaustrieb der Gräser und Stauden zu sehen ist, meist Ende Februar oder im März, wird der Bewuchs abgemäht, sofort fein gehäckselt und über die Beete verteilt. War der Winter sehr feucht, kann sich diese Arbeit auch bis in den April erstrecken, da der schwere Lehmboden dann so nass ist, dass er nicht betreten werden kann. Ein Nachteil dieser eindrucksvollen Pflanzung ist, dass ihretwegen auf dieser Fläche kein Frühlingsgarten möglich ist. Die Blüten oder Austriebe von Zwiebelgewächsen würden abgemäht werden. Eine Frühlingsblüte findet sich aber in den anderen Gartenbereichen. Ein weiterer Nachteil besteht darin, dass die Gräser-Stauden-Kombination erst ab Mitte Juni ein Bild bietet, das sich dann aber von Monat zu Monat eindrucksvoll steigert. Mit „de Villa" hat das Ehepaar Frederix eine in der Abfolge der Gartenstile einzigartige Gartenlandschaft geschaffen.

EMPFEHLUNGEN

Die nachstehenden Stauden sind ganz auf den schweren Lehmboden des Gartens abgestimmt. Der sehr fruchtbare Boden lässt die alphabetisch aufgelisteten Stauden besonders gut wachsen:

A – E

- Alant *(Inula)*
- Astern: folgende Sorten sind besonders wüchsig: Weiße Wald-Aster *(Aster divaricatus)*, Myrten-Aster *(Aster ericoides)*, Raublatt-Aster *(Aster novae-angliae)*
- Baltische Petersilie *(Cenolophium denudatum)*
- Bergenie/Riesensteinbrech *(Bergenia)*
- Bergfenchel *(Seseli caespitosum)*
- Bewimperter Felberich *(Lysimachia ciliata)* 'Firecracker'
- Blaue Färberhülse *(Baptisia australis)*
- Blauroter Steinsame *(Lithospermum purpurocaeruleum)*
- Blausternbusch *(Amsonia tabernaemontana)*
- Brandkraut *(Phlomis russeliana)*
- Braunelle *(Prunella)*
- Breitblättriger Steppenschleier *(Limonium latifolium)*
- Christrose *(Helleborus niger)*
- Duftveilchen *(Viola odorata)*
- Echter Baldrian *(Valeriana officinalis)*
- Echte Schlüsselblume *(Primula veris)*
- Echtes Seifenkraut *(Saponaria officinalis)*

LINKS
Weiße Sterndolde *(Astrantia major)* 'Princesse Sturdza'.

RECHTS
Eine kompakte Pflanzung von drei Knöterich-Sorten: *(Persicaria amplexicaulis)* 'Firetail', 'Rosea' und 'Atropurpurea'.

- Echter Ziest *(Stachys officinalis)*
- Eidechsenschwanz *(Houttuynia)*
- Eisenhut *(Aconitum x arendsii)*
- Eisenkraut *(Verbena)*, folgende Sorten: Patagonisches Eisenkraut *(Verbena bonariensis)* versamt sich gut, Lanzen-Eisenkraut *(Verbena hastata)*, Steifes Eisenkraut *(Verbena rigida)*

F – H

- Federmohn *(Macleaya)* wuchert stark!
- Fenchel *(Foeniculum vulgare)*
- Felberich *(Lysimachia)*, folgende Sorten: Entenschnabel-Felberich *(Lysimachia clethroides)*, Gold-Felberich *(Lysimachia punctata)*
- Fetthenne *(Sedum)*
- Funkie, Herzlilie *(Hosta)* auf feuchtem Lehmboden ein Schneckenproblem
- Glockenblumen: Knäuel-Glockenblume *(Campanula glomerata)*, Dolden-Glockenblume *(Campanula lactiflora)* 'Loddon Anne', Hängepolster-Glockenblume *(Campanula poscharskyana)*
- Goldkolben *(Ligularia)* starker Schneckenbefall mit Ausnahme der Kerzen-Goldkolben *(Ligularia przewalskii)*
- Goldrute *(Solidago rugosa)* 'Golden Rain'
- Große Bibernelle *(Pimpinella major)*
- Großer Garten-Wasserdost *(Eupatorium fistulosum)* 'Atropurpureum'
- Großer Schuppenkopf *(Cephalaria gigantea)*
- Hanfblättriger Eibisch *(Althea cannabina)*
- Herbst-Anemone *(Anemone japonica)* 'Honorine Jobert', 'Hadspen Abundance' und *(Anemone tomentosa)* 'Robustissima' (starkwüchsig)

I – K

- Indianerblume *(Monarda)*
- Johanniskraut *(Hypericum)*

- Kandelaber-Ehrenpreis *(Veronicastrum virginicum)* 'Pink Glow', 'Temptation', 'Fascination' und 'Lavendelturm'
- Katzenminze *(Nepeta)*, folgende Sorten: Sitzende Katzenminze *(Nepeta subsessilis)*, Blaue Katzenminze *(Nepeta faassenii)*, Niedrige Katzenminze *(Nepeta racemosa)* versamt sich gut
- Kaukasische Geißraute *(Galega orientalis)*
- Kaukasusvergissmeinnicht *(Brunnera macrophylla)*
- Kleines Immergrün *(Vinca minor)*, wuchernd
- Kleinköpfige Sonnenblume *(Helianthus microcephalus)* 'Lemon Queen'
- Knöterich *(Persicaria)*: Kerzenknöterich *(Persicaria amplexicaulis)*, Schlangen-Knöterich *(Persicaria bistorta)*
- Königskerze *(Verbascum chaixii)* 'Album', Schwarze Königskerze *(Verbascum nigrum)*
- Kronbart *(Verbesina)*
- Kugeldistel *(Echinops ritro)*

L – R

- Langblättriges Hasenohr *(Bupleurum longifolium)* 'Bronze Form'
- Leinkraut *(Linaria)*
- Lenzrose *(Helleborus orientalis)*
- Mädesüß *(Filipendula)*
- Maiglöckchen *(Convallaria majalis)*
- Majoran *(Origanum vulgare)*
- Nachtkerze *(Oenothera)*
- Otternknopf *(Strobilanthes)*
- Pfennigkraut *(Lysimachia nummularia)*
- Riesenschleierkraut/Meerkohl *(Crambe cordifolia)*
- Rittersporn *(Delphinium)*
- Rotfruchtiges Christophskraut *(Actaea rubra)*

S – Z

- Salbei *(Salvia)*: Klebriger Salbei *(Salvia glutinosa)* und Steppensalbei *(Salvia nemorosa)*
- Schaublatt *(Rodgersia aesculifolia)*
- Scheinsonnenhut *(Echinacea purpurea)*
- Schildblatt *(Darmera peltata)*
- Schlangenkopf *(Chelone obliqua)*
- Schmalblättriges Weidenröschen *(Epilobium angustifolium)* 'Album'
- Schwertlilien *(Iris)*: Wiesen-Schwertlilie *(Iris sibirica)*, Japanische Sumpf-Schwertlilie *(Iris ensata)*
- Silberblatt *(Lunaria)*
- Sonnenhut *(Rudbeckia fulgida)*
- Spanisches Gänseblümchen *(Erigeron karvinskianus)*
- Spornblume *(Centranthus)*
- Stachelnüsschen *(Acaena microphylla)*
- Sterndolde *(Astrantia)*
- Storchschnabel *(Geranium)*, folgende Sorten: Pyrenäen-Storchschnabel *(Geranium endressii)*, Felsen-Storchschnabel *(Geranium macrorrhizum)*, Armenischer Storchschnabel *(Geranium psilostemon)* 'Patricia', Brauner Storchschnabel *(Geranium phaeum)* 'Samobor', Blauer Storchschnabel *(Geranium pratense)* 'Johnson's Blue' und 'Orion', Blutroter Storchschnabel *(Geranium sanguineum)*, Wald-Storchschnabel *(Geranium sylvaticum)* 'Album', Veränderlicher Storchschnabel *(Geranium versicolor)*
- Tafelblatt *(Astilboides tabularis)*
- Wiesenknopf *(Sanguisorba)*
- Zier-Rhabarber *(Rheum)*

UNTEN
Der Admiral-Schmetterling hat sich auf der Blüte einer weißen Herbst-Anemone 'Honorine Jobert' niedergelassen.

RECHTS
Zwei Blütenformen, die sich farblich ergänzen: Kugeldistel *(Echinops bannaticus)* 'Blue Globe' und der Großer Wiesenknopf *(Sanguisorba officinalis)*.

Raum für gärtnerische Kreativität

Gartenleidenschaft als Familienerbe

Wolfgang Seethaler lebt in Lindau am Bodensee und musste Gärtner werden – es lag in seinen Genen. Seine Vorfahren waren nachweislich schon im 16. Jahrhundert bei den Fuggern in Augsburg als Gärtner tätig. Auch in den folgenden Jahrhunderten gab es in mehreren Generationen seiner Familie Gärtner am Hof der Fürsten Fugger. Mitte des 19. Jahrhunderts machte sich außerdem ein Vorfahr selbstständig und betrieb bis nach dem Ersten Weltkrieg eine Baumschule. Wolfgang Seethaler wuchs umgeben von Gärten und Landwirtschaft auf und insbesondere seine Mutter weckte und förderte sein Interesse am Garten. Nach seinem Schulabschluss folgte er schließlich der Spur seiner Gene und machte eine Ausbildung zum Gärtner. Seit 1996 ist Wolfgang Seethaler als selbstständiger Gartengestalter tätig. Er legt Gärten an und pflegt mit seinen Mitarbeitern anspruchsvolle Anlagen. Sein Wirkungskreis geht über Lindau hinaus bis nach Tirol.

Das „Haus zum Nussbaum“

2004 hatte er das große Glück, am Rande Lindaus, in einem landwirtschaftlich geprägten Gebiet mit

„Mein Garten ist eingebettet in eine über Jahrhunderte gewachsene und bewahrte Kulturlandschaft.“

OBEN
Blühende Wiesen, auf denen eine kleine Rinderherde grast, umgeben den Garten.

RECHTS
Vor dem 1895 erbauten Haus verläuft eine schmale Anliegerstraße, die von einem Bach begleitet wird.

ausgedehnten Streuobstwiesen in der Umgebung, ein freistehendes Haus mit 2000 Quadratmetern Land zu erwerben. Das zweistöckige Haus wurde 1895 von einem Mühlenbesitzer als Altenteil gebaut. Im damaligen Stil der Landschaft errichtet, zeugt es von dem soliden Wohlstand des Bauherrn. Als Wolfgang Seethaler das Haus erwarb, war es in einem bewohnbaren Zustand, das umgebende Grundstück war allerdings lange Zeit nur als Viehweide genutzt worden. Lediglich einige überalterte, ungepflegte Obstbäume standen auf der großen Wiese. Ein mächtiger, etwa 90 Jahre alter Walnussbaum prägte das Bild und ist heute Namensgeber des Anwesens: „Haus zum Nussbaum“. Im Laufe der Jahre wurde das Haus renoviert, zudem ließ Wolfgang Seethaler zwei mit viel Feingefühl und Geschmack ausgestattete Ferienwohnungen einrichten. Das erste Stockwerk, die „Belle Etage“, ist dem Hausherrn als Wohnung vorbehalten.

Eine idyllische Umgebung

Vor dem Haus verläuft eine schmale Straße als Zufahrt, die von einem Bach begleitet wird. Sein Plätschern ist bis in den Garten zu hören. Auf der

Rückseite ist das Anwesen von extensiv genutzten Viehweiden umgeben. Sie ziehen sich über den gesamten aufsteigenden Hang, so dass der Blick vom Garten auf blühende Wiesenblumen und die kleine dort grasende Rinderherde fällt. Mit dem Bachlauf und den Wiesen hat das Grundstück einen natürlichen Rahmen, der die Atmosphäre entscheidend mitbestimmt. Daher gehen die Pflegemaßnahmen auch bis weit über die Gartengrenze hinaus. Wolfgang Seethaler spricht schmunzelnd von „geborgter Landschaft“, für die man auch etwas tun könne.

Raum für gärtnerische Kreativität

Während bei seiner beruflichen Tätigkeit die Kundenwünsche ausschlaggebend sind, nahm Wolfgang Seethaler sich bei seinem eigenen Garten die Freiheit, diesen nach seinen Wünschen und Bedürfnissen zu gestalten. Es sollte kein Schaugarten für seine Kunden werden, er schuf sich einen Lebensraum mit Gemüsegarten und Hühnern. Allerdings brauchte er auch Platz für die Geräte und Fahrzeuge, die er für seinen Beruf benötigt. Dieses Problem löste er, indem er den vorgefundenen Holzschuppen behutsam erweiterte. Dafür verwendete er altes Holz, so dass das Gebäude ohne Bruch zum Stil des Hauses passt. Seine gestalterische Kreativität findet ihren Ausdruck vor allem in drei „gärtnerischen Skulpturen“, die für seinen Garten prägend sind.

Ein Buchenhain als Mittelpunkt

Da es ihn störte, dass das Haus nicht mitten auf dem Grundstück stand, schuf er einen optischen Mittelpunkt, indem er 17 Hainbuchen *(Carpinus betulus)* in Form einer großen Ellipse in den Raum zwischen Wohnhaus und Geräteschuppen pflanzte. Die Hainbuchen wurden zu 1,10 Meter hohen Stämmen gezogen, oberhalb der Stämme bilden sie eine geschlossene Hecke, die eine Gesamthöhe von 3,40 Meter erreicht. Durch regelmäßiges Schneiden wird sie schmal gehalten. Anschaulich könnte dies auch als „schlanke Hecke auf Stelzen“ beschrieben werden. Durch die freigehaltenen Stämme fällt der Blick auf den Boden des Innenraums, der mit einem außergewöhnlichen Pflaster belegt ist. Ovale, halbierte Flusskiesel aus der Region wurden von dem Gartenplaner Markus Nickel zu einem Platz von ganz besonderem Reiz zusammengefügt. Im Innenraum der Ellipse vervollständigt eine Klangskulptur aus Cortenstahl das Ensemble, das zum Mittelpunkt des Hofes geworden ist. Im Inneren des durch die Hecke geschlossenen Raumes ist eine besondere Atmosphäre entstanden, da neben der Pflasterung und der Skulptur nur noch der Himmel zu sehen ist. Die Zufahrt zum Haus und der Hof sind mit Kies belegt und durch den Buchenhain in der Mitte ist ein praktischer Kreisel entstanden.

„Ein kreativer Garten ist nicht unerschwinglich.“

Das Raritätenkabinett

Die zweite „gärtnerische Skulptur“ liegt am Rande des Grundstücks links neben dem Eingangstor: Verschiedene Heckenpflanzen wie Eiben *(Taxus baccata)*, Portugiesische Lorbeerkirschen *(Prunus lusitanica)* ‘Myrtifolia’ und Säulen-Lebensbäume *(Thuja occidentalis)* ‘Columna’, wurden abwechselnd zu einem 11 x 6 Meter großen Oval gepflanzt. Die Hecke wird von einigen jährlich gestutzten Hochstämmen des Eisenbaums *(Parrotia persica)* unterbrochen und aufgelockert. Diese erinnern durch den Schnitt an die Strenge von Kopfweiden, durch ihr Laub bringen sie jedoch Leichtigkeit und Bewegung und im November zusätzlich noch Farbe in die starre Heckenwelt. Das Besondere dieser Hecke ist ihre außergewöhnliche Form: Wolfgang Seethaler nennt die unterschiedlichen und in abgerundeten Formen geschnittenen Heckenpflanzen „Wellen-“ oder „Dromedar-Hecke“. Am Eingang des Heckenraumes wurden zwei Thuja-Pflanzen hochgezogen, so dass sie wie eine Öse oder wie zwei Giraffenhälse wirken, die sich im oberen Bereich berühren. Durch regelmäßiges Schneiden wird diese bizarre Form mit ihrem eigentümlichen Reiz erhalten. Besonders verblüffend ist die glatte und gleichmäßige Oberfläche der Thuja-Elemente. Die kleinen Blattfächer der Thujen bekommen ornamentalen Charakter und erinnern an Paisley-Stoffmuster. Wahrscheinlich ist jeder Besucher versucht, mit der Hand über die Fläche zu streichen, um so die Oberfläche auch haptisch zu erfahren. Werden Thujen als schnellwachsender Sichtschutz gepflanzt, entwickeln sie

OBEN LINKS
Auch im Garten hört man das sanfte Plätschern des Baches.

OBEN RECHTS
Der Buchenhain bildet den Mittelpunkt der Auffahrt.

UNTEN LINKS
Innerhalb des Buchenhains besteht der Boden aus aufgeschnittenen Flußkieseln.

UNTEN RECHTS
Der Eingang zum Raritäten-Kabinett ist eine Augenweide.

OBEN
Der halbrund angelegte Holzstadel dient gleichzeitig als geschützter Sitzplatz. Das Holz speichert am Tag die Sonnenstrahlen und wärmt abends ohne zu Verbrennen.

UNTEN
Am Rande des Grundstücks befindet sich der Hühnerstall mit einem Auslauf, der mit Draht gegen die Begehrlich-keiten von Fuchs und Habicht abgesichert wurde.

sich im Laufe der Jahre oft zu einem düsteren Wall, hier jedoch erzeugen sie eine ansprechende Wirkung. Dafür ist es allerdings wichtig, dass die Thuja-Elemente von den gröberen Oberflächen der anderen Heckenpflanzen ergänzt werden. Diese Abwechslung verhindert eine mögliche Eintönigkeit. Das Umschließen eines Raumes erschien Wolfgang Seethaler als reizvoll, da das Gartengelände sonst zu allen Seiten offen wäre. „Man würde direkt alles sehen, ohne auf Wanderschaft oder Entdeckungstour gehen zu müssen", erklärt Wolfgang Seethaler. Der Innenraum ist botanischen Besonderheiten vorbehalten – deshalb nennt Wolfgang Seethaler diesen Gartenraum auch sein „Raritätenkabinett". Dort versammeln sich Pflanzen, die er mit Augenzwinkern als „schräge Vögel" bezeichnet, weil sie sich aufgrund ihrer Farbe oder anderer Eigenschaften nicht so leicht in den Garten integrieren lassen. Dazu gehören Besonderheiten wie die Strauch-Pfingstrose *(Paeonia lutea)* 'Chinese Dragon', eine Sibirische Pfingstrose *(Paeonia anomala)* oder die Itoh-Hybride 'Garden Treasure'. Im Frühling wachsen dort zudem Bulgarischer Lauch *(Nectaroscordum siculum)* und im Herbst Tautropfengras *(Sporobolus heterolepis)*.

„Der Anblick der glücklichen Kühe auf der Weide und der emsig scharrenden Hühner macht mich zufrieden."

Ein Gartenpavillon der besonderen Art

Eine „dritte Gartenskulptur" ist ein raffiniert durchdachtes Brennholzlager. Da Wolfgang Seethaler keine Genehmigung für ein festes Gebäude erhielt, in dem er sein Feuerholz trocknen konnte, stapelte er seine Holzvorräte zu einem großen Halbkreis mit 6,5 Metern Durchmesser. Starke Robinienholzpfähle stabilisieren das bis zu 2,20 Meter hochgeschichtete Holz, das mit einem hölzernen Dach vor Regen geschützt wird. An der Außenseite sind Rahmen mit Holzgittern in die Wand eingesetzt, die wie Belüftungsfenster aussehen. Dadurch entsteht der Eindruck, dass es sich um ein laubenartiges Gebäude handelt. Doch eigentlich erfüllt das simple Konzept neben dem Lagern von Brennholz gleich mehrere Funktionen: Der Holzvorrat ziert den Gartenraum, dient als geschützter sommerlicher Sitzplatz, als ein trockener Stellplatz für Gartenmöbel sowie als Wärmespeicher für den Abend. Das Holz wärmt sich tagsüber in der Sonne auf und gibt die Wärme am Abend wieder ab. Dabei ist es faszinierend, dass das Holz Wärme schenkt, ohne verbrannt werden zu müssen. Der Geruch des geschlagenen Holzes verbreitet eine behagliche Atmosphäre, die ausladenden Äste des alten Nussbaumes halten außerdem die Mücken ab und sorgen für ungestörte Sommerabende mit Blick auf grasende Rinder. Es ist der Lieblingsplatz von Wolfgang Seethaler, da er dort weder viel vom Haus noch vom Garten sieht, wo immer ungetane Arbeit präsent ist. Alle drei „Gartenskulpturen" stehen mit genügend Abstand voneinander, damit sie als einzelne Objekte wirken können.

Von Blumenrabatten umgeben

Die hausnahen Flächen sind dicht bepflanzte Rabatten, in denen Gehölze, Stauden und Zwiebelgewächse das ganze Jahr über farbenfroh blühen. Auf beiden Seiten des Hauses strukturieren kleine Wege diese Bereiche und machen es möglich, die einzelnen Partien aus der Nähe zu betrachten. Die Wege erleichtern außerdem die Pflegearbeiten, wie Unkrautentfernen oder das Abschneiden von Verblühtem. Einige in Form geschnittene immergrüne Elemente dienen als optische Ruhepunkte in der dichten Staudenbepflanzung. An der Westseite tauchen wieder einzelne „Dromedar-Höcker" aus Thuja auf, die die trichterförmige Einfahrt begleiten.

Gemüse und Hühner

An der nördlichen Grundstücksgrenze liegt der kleine Gemüsegarten. Die Versorgung mit biologisch angebautem Gemüse macht etwas von der Garten- und Lebensphilosophie des Besitzers deutlich: Der Garten ist sein Lebensraum, der in einem Rahmen, der Ruhe und Gelassenheit ausstrahlt, fast alle sinnlichen Ansprüche auf höchstem Niveau befriedigt. Dazu gehören auch die Hühner, denen sein Interesse seit Kindertagen gilt. Zwei große Gehege, eigentlich Volieren, wurden am Rande des Grundstücks errichtet. In einer lebt ein großer, prächtiger Hahn mit seinem Harem, in der anderen verschiedene Zwerghühner mit extravagantem Federschmuck. Erstere für die Eier, die anderen für die Schönheit.

Boden und Klima

Für die Bepflanzung ist ausschlaggebend, dass der Boden viele gartenbauliche Vorzüge bietet: Er ist neutral bis alkalisch, außerdem handelt es sich um einen tiefgründigen Lehmboden, der durch die nahegelegenen Bäche einen hohen Grundwasserstand hat. Der Boden hält die Feuchtigkeit gut und lange und klebt nicht an den Geräten fest. Das Bodenseeklima schafft weitere günstige Rahmenbedingungen für den Garten: Die riesige Wasserfläche wirkt in extremen Zeiten ausgleichend. Starke Hitzeperioden werden abgeschwächt, ebenso hohe Frosttemperaturen im Winterhalbjahr, da die Wassermenge nur langsam reagiert und noch Wärme gespeichert hat. Die Niederschlagsmenge im östlichen Bodenseegebiet ist hoch; der meiste Regen fällt im Sommer, wodurch das Gärtnern leichter wird. Die günstigen Rahmenbedingungen machen eine vielfältige Bepflanzung in den unterschiedlichen Gartenbereichen möglich. Nur Moorbeetpflanzen, die einen sauren Boden benötigen, wachsen hier nicht. Ebenso wie manches exotisches Gehölz passen sie nicht zum Stil des Gartens, der auf die Bodenverhältnisse ausgerichtet ist.

Blüten zu allen Jahreszeiten

Angefangen von Schneeglöckchen und Märzenbechern im Vorfrühling bis zu den verschiedenen Sorten Zierlauch Ende Mai, blühen im Frühjahr zahlreiche unterschiedliche Zwiebelblumen. Bei den Stauden bevorzugt Wolfgang Seethaler langblühende Arten für die Monate Juli und August – sie sind unter den *Empfehlungen* aufgelistet. Zu seinen Favoriten gehören außerdem die Pflanzen, die sich gut versamen und ihren Standort selbst bestimmen. Hier muss allerdings regulierend eingegriffen werden, da sie sonst im Garten überhandnehmen. Auch sie sind in den *Empfehlungen* aufgelistet. Neben den überwiegend in Form geschnitten immergrünen Gehölzen blühen das ganze Gartenjahr über Sträucher und Bäume. Im Winter präsentiert eine Zaubernuss *(Hamamelis intermedia)* 'Primavera' ihre gelben Blütenfäden, im Frühling blühen zahlreiche Obstbäume sowie eine zum Hochstämmchen gezogene Zierquitte *(Chaenomeles)*, im Hochsommer folgt der Mönchspfeffer *(Vitex agnus-castus)*.

Dieses extravagante Formschnittgehölz begann Wolfgang Seethaler als junger Gärtnergehilfe. Es hat ihn bei jedem Umzug begleitet und seinen Platz nun vor dem Haus gefunden.

OBEN
Im Sommer bestimmen üppig blühende Stauden und Rosen das Gartenbild. Zweijähriges Mutterkraut (*Tanacetum parthenium*) bewährt sich dabei als Lückenfüller.

UNTEN
Später dominieren Astern in verschiedenen Arten und Sorten, deren leuchtende Farben für einen herbstlichen Höhepunkt sorgen. Im Bildmittelpunkt wächst die Kissenaster 'Lady in Blue'.

OBEN
Die eigenwillig geschnittene „Buckelhecke“ ist eine passende Einfassung für das Raritätenkabinett, in dem besondere Pflanzen ihren Platz gefunden haben.

UNTEN
Der alte Nussbaum, der die Wiese überragt, war Namensgeber für das „Haus zum Nussbaum“. Er spendet Schatten und hält die Mücken vom Sitzplatz fern.

Auch Blattfärbungen und Blattstrukturen wie ein rotblättriger, gefiederter Holunder *(Sambucus racemosa)*, ein Pfeifenstrauch mit weiß-buntem Laub *(Philadelphus)* sowie ein Roter Fächerahorn *(Acer palmatum)* 'Atropurpureum' dürfen im Garten von Wolfgang Seethaler nicht fehlen.

Ein glücklicher Gärtner

Der Garten Seethaler zeigt, wie Arbeit und Freizeit zusammengehen können und dabei eine beeindruckende Kreativität freisetzen. Dabei macht die Natur die Zeitvorgaben, denn das Wachstum der Pflanzenwelt entzieht sich der ständigen Beschleunigung einer an Technik ausgerichteten Lebensweise. Wolfgang Seethaler bezeichnet sich deshalb als „glücklichen Menschen" und erzählt:

„Ich lebe jeden Tag im Überfluss. Ich habe Gemüse, Beeren und die Hühner legen mehr Eier, als ich essen kann. Doch die Gaben der Natur allein stellen einen nicht vollständig zufrieden. Häufig sagen mir Besucher im Haus und im Garten, dass sie so viel Liebe spüren, die sich in den vielen kleinen Details zeigt. Um den Garten als Erschaffer und Gestalter ganz zu erfahren, braucht es also Menschen, die ihren Emotionen als Betrachter freien Lauf lassen und sich mitteilen. Vielleicht liegt in diesen Erfahrungen auch das größte Geheimnis des Gartens. Kaum jemand sagt, er hätte zu viel Liebe in seinem Leben erfahren, fast jeder glaubt, es sei nicht genug. Entscheidend ist, dass man nicht über die Defizite klagt, sondern erst Ideen, Mühe und Hingabe investiert – und natürlich auch Geld. Doch in vielen Fällen wird eher zu viel ausgegeben. Ein kreativer Garten ist nicht unerschwinglich und man 'erntet' im höheren Sinne immer mehr, als man hineingesteckt hat."

Sein gärtnerisches Credo hat seinen Ursprung in der tiefen Zufriedenheit eines gelebten Gartens.

UNTEN
Neben dem Weg im herbstlichen Staudenbeet überragt die leuchtend weiße Herbstmargerite *(Leucanthemella serotina)* 'Herbststern' den Straucheibisch 'Hamabo' *(Hibiscus syriacus)*.

OBEN
Der robuste, lang blühende *Phlox amplifolia* 'Great Smoky Mountain' hat sich bewährt.

RECHTS
Der Weiße Lerchensporn *(Pseudofumaria alba)* versamt sich schnell und kann auch lästig werden.

EMPFEHLUNGEN

Alle folgenden Empfehlungen beruhen auf den Erfahrungen, die Wolfgang Seethaler auf seinen bereits im Text beschriebenen Bodenverhältnissen gemacht hat.

1. Staudenfavoriten – mit langer Blüte oder zwei Blühphasen

- Dolden-Glockenblume *(Campanula lactiflora)* 'Superba'
- Hohe Flammenblume/Sommer-Phlox *(Phlox paniculata)*
- Großblatt-Phlox *(Phlox amplifolia)*
- Kerzenknöterich *(Persicaria amplexicaulis = Bistorta amplexicaulis)*
- Taglilie (*Hemerocallis* Hybride)
- Schnecken-Knöterich *(Polygonum affine)* 'Darjeeling Red'
- Geißraute *(Galega officinalis)*
- Storchschnabel *(Geranium)* 'Rozanne'
- Bergwald-Storchschnabel *(Geranium nodosum)* 'Typ Simon'
- Blut-Storchschnabel *(Geranium striatum)* 'Roseum'
- Blut-Storchschnabel *(Geranium sanguineum)* 'Tiny Monster'
- Sonnenbraut *(Helenium)* vorzugsweise niedrige Sorten, da sie nicht gestützt werden müssen
- Blaue Katzenminze *(Nepeta x faassenii)* 'Walkers Low'
- Kleinblütige Bergminze *(Calamintha nepeta)* 'Blue Cloud'
- Ziergräser, aufrecht, platzsparend und standfest

2. Versamer – „Wanderer durch den Garten“

- Dolden-Glockenblume *(Campanula lactiflora)*
- Dalmatiner-Glockenblume *(Campanula portenschlagiana)*
- Weißer Lerchensporn *(Pseudofumaria alba)*
- Gelber Lerchensporn *(Pseudofumaria lutea)*
- Balkan-Junkerlilie *(Asphodeline liburnica)*
- Patagonisches Eisenkraut *(Verbena bonariensis)*
- Lanzen-Eisenkraut *(Verbena hastata)*
- Schwarze Königskerze *(Verbascum nigrum)*
- Purpur-Leinkraut *(Linaria purpurea)*
- Mutterkraut *(Tanacetum parthenium)* (hohe Variante)
- Rote Gartenmelde *(Atriplex hortensis)* 'Rubra' muss geordnet/gebremst werden
- China-Wiesenraute *(Thalictrum delavayi)* (in hohen Sorten)
- Bronzefenchel *(Foeniculum vulgare)* 'Atropurpureum'
- Wiesenkerbel *(Anthriscus sylvestris)* (unbedingt Samenstände entfernen) ruht im Sommer
- Islandmohn *(Papaver nudicaule)*

Den Garten vervielfältigen

„Den Garten vervielfältigen“

5000 Quadratmeter Grundfläche sind nur eine ungefähre Angabe, wenn sie sich auf eine kleine Schlucht beziehen. Das ist auch bei dem Garten von Uschi und Helmut Engelhardt in Witten an der Ruhr der Fall. Ein kleines Tal in idealer Nord-Süd-Richtung öffnet sich trichterförmig. Dabei ergibt sich ein Höhenunterschied von ca. 35 Metern im Norden bis zu den im Süden auf der „Talsohle“ liegenden Wohngebäuden, die wie ein breiter Riegel das Grundstück zur Straße hin abschließen. In der Tiefe des Grundstücks, dort, wo die beiden Hänge zusammenstoßen, fließt ein kleiner Bach, im Sommer oft nur ein Rinnsal, von der Höhe ins Tal. Das ganze Grundstück ist eine Miniaturausgabe einer Mittelgebirgslandschaft. Durch die teilweise sehr steilen Hänge beiderseits des Bachlaufes ergeben sich – mit gärtnerischem Blick gesehen – viel mehr Pflanzflächen, als es die katasteramtlich angegebenen 5000 Quadratmeter Grundfläche ausweisen. Dank der idealen Topographie beschloss das Ehepaar Engelhardt, das Grundstück im Jahr 1977 zu erwerben. Dabei befanden sich die Fachwerkgebäude aus der Mitte des 19. Jahrhunderts in einem vernachlässigten Zustand und mussten dringend renoviert werden. Aber die abgeschlossene Lage des Grundstücks entsprach den Vorstellungen des Ehepaares und sie waren jung genug, um ihre Träume von Haus und Garten an dieser Stelle realisieren zu können.

LINKS
Narzissen verschiedener Sorten begleiten im Frühling den Bachlauf von der Höhe der Schlucht bis zur Terrasse des Hauses.

OBEN
Unter hohen Bäumen verwildern die Hasenglöckchen.

Vor allem Uschi Engelhardt wollte an diesem Ort endlich sesshaft werden. Aufgewachsen war sie in Pommern mit prägenden Erinnerungen an das

Landleben, doch als Kind eines Nato-Offiziers lebte sie ein Nomadenleben. Entsprechend der beruflichen Standorte des Vaters wechselten die Wohnorte der Familie alle vier bis fünf Jahre: So lebte sie in Schleswig-Holstein, am Niederrhein, in der Pfalz, in Brüssel und Paris. Und besonders das Leben in einer Großstadt war für Uschi Engelhardt nicht erstrebenswert. In Göttingen lernte sie ihren zukünftigen Ehemann kennen und erlebte dann, dass dieser nach dem Studium eine Stelle in Dortmund fand. Voller Entsetzen dachte sie an den industriellen Ballungsraum im Ruhrgebiet. Doch beide entdeckten das für sie ideale Grundstück, von dem sie sofort wusste, dass sie hier dauerhaft ihre Wurzeln in den Boden treiben wollte.

„Eine Welt für sich“

Wer sich dem Haus von Helmut und Uschi Engelhardt an der Elberfelder Straße nähert, entdeckt zunächst keinen Garten, da das langgestreckte Fachwerkgebäude das Grundstück vollständig abriegelt. Ursprünglich war das Gebäude aus dem 19. Jahrhundert ein Gewerbebetrieb, vermutlich eine Gerberei. Die genaue Nutzung ist leider nicht bekannt. Vom Niveau der Straße steigt der Weg zum Haus leicht an und über ein paar Stufen erreicht der Besucher die Haustür, die gleichzeitig die Eingangspforte zu dem bemerkenswerten Garten ist.

Nach dem Durchschreiten der Diele öffnet sich die Flügeltür zur Terrasse und dem Besucher bietet sich ein überwältigender Anblick. Der Garten breitet sich nicht einfach vor der Terrasse aus, er ist überall. Die bis zu 30 Meter hohen Hänge zu beiden Seiten der Schlucht, die sich hinter dem Haus erstreckt, verleihen der Anlage etwas Theatralisches. Zunächst fällt der Blick in die Tiefe des Gartens auf einen kleinen Bach, dessen Verlauf durch die Uferbepflanzung hervorgehoben wird. Auf halber Höhe des Bachlaufes steht ein Gartenpavillon von schlichter Eleganz. Ebenso wie der große Kirschbaum, der auf gleicher Höhe zum Gartenhaus einen ruhenden Pol bildet, gibt er dem ersten Blick des Besuchers unter den hereinbrechenden Eindrücken einen gewissen Halt. Der Himmel, der sich über dem Garten wölbt, wird nur als Beleuchtung wahrgenommen.

„Der Garten ist zur Heimat geworden.“

Wie ein Amphitheater

Der Garten Engelhardt ist eine gekonnte Inszenierung der vorhandenen Landschaftsform. Unwillkürlich werden Assoziationen zu antiken Amphitheatern geweckt; nur bilden die Ränge hier eine Bühne für die Pflanzenwelt und die Terrasse am Haus ist der Zuschauer- und Lebensraum für die Besitzer. Der Spielplan dieses „Garten-Theaters“ wird von den Jahreszeiten bestimmt. Die Spannbreite des Repertoires reicht vom zarten, durch die Hänge zum Schweben gebrachten Ballett der Frühlingsblüher bis zur großen Oper im Hochsommer mit seinem faszinierenden Farbenrausch. Aber wie bei jeder Bühnenaufführung, ob Ballett, Theater oder Oper, steckt viel Detailarbeit im Hintergrund. Von Arbeit spricht beim Theater kaum jemand, denn es ist ein kreativer und künstlerischer Prozess, der alle Beteiligten in seinen Bann zieht. Der über Jahre andauernde Gestaltungsprozess, in dem die Struktur des Gartens geschaffen wurde, ist damit vergleichbar. So ist jedes Gartenjahr wie eine Neuinszenierung, die sich aus vielen kleinen Details zusammensetzt.

Der Garten als Energiequelle

Der gärtnerisch versierte Besucher erkennt bei einem Blick auf die vielfältig gestalteten Hangpartien, welche Detailleistungen hier erbracht wurden und dass auch weiterhin viel Arbeit erforderlich ist, um diesen Garten zu erhalten. Für Uschi Engelhardt ist die Gartenarbeit vielmehr ein großes Abenteuer, welches ihr große Freude bereitet: „Manchmal, wenn ich abends im Bett gedanklich den morgigen Tag durchgehe und überlege, welche Aufgaben mich erwarten, dann freue ich mich so sehr, dass ich nur noch schlecht einschlafen kann“, erzählt sie. Sieht man dabei die strahlenden Augen der Gastgeberin, wird sofort klar, dass die Freude an diesem Garten und an diesem Ort auch die Quelle ihrer Energie ist. Der Ehemann hat unser Gespräch weitgehend mit einem Schmunzeln und schweigend begleitet. Betrachtet man aber die geschichteten Stützmauern aus Ruhrsandstein, die am Hang abgestützten Wege und die Stufenanlagen, zeigt sich, dass der Garten ein Gemeinschaftswerk ist und Helmut Engelhardt sich keinesfalls auf eine schweigende Teilnahme an der Gartenbegeisterung seiner Frau beschränkt.

OBEN LINKS
Die Treppen sind zu einem Gestaltungselement geworden.

OBEN RECHTS
Als Blickfang steht auf halber Höhe ein Gartenpavillon.

UNTEN LINKS
Bänder aus Narzissen und Tulpen betonen an einigen Stellen die Geländeform.

UNTEN RECHTS
Im Frühling wird der Kirschbaum zum Gartenmittelpunkt.

Besondere Herausforderungen

Angesichts der vor 40 Jahren vorgefundenen Situation der Gebäude und des Grundstücks war viel Vorstellungsvermögen nötig. Denn die Gebäude waren über Jahre vernachlässigt und das Grundstück von den Vorbesitzern nicht mehr gepflegt worden. Nicht nur Brombeeren, Brennnesseln, verwilderte und überalterte Obstbäume wuchsen hinter dem Haus, auf dem Grundstück war von den Vorbesitzern alles entsorgt worden, was nicht mehr gebraucht wurde. Trotzdem war das junge Ehepaar Engelhardt von der Einmaligkeit des Geländes fasziniert und sah die Möglichkeit, hier ein Refugium für die Familie mit zwei Kindern zu schaffen. Vorrangig stand die Sanierung der Gebäude an, aber auch der Zustand des Grundstücks erforderte erste Eingriffe. Einen Gartenplan gab es nicht, denn das aus steilen Hängen bestehende Grundstück entzog sich jeder Schreibtischplanung. Um es begehen und bearbeiten zu können, mussten zunächst auf mehreren Ebenen Wege angelegt werden. Dazu wurde die Erde von der Steilseite des Hanges mit der Spitzhacke aufgehackt und zur abfallenden Seite verschoben. So entstanden an beiden Hängen auf einer ersten Ebene Wege, von denen aus die erreichbaren Flächen bearbeitet werden konnten.

Schrittweise Gestaltung

Diesen ersten Wegen auf der untersten Ebene folgten dann weitere Wege auf der mittleren Höhe der Hänge. Bei den sich über Jahre erstreckenden Arbeiten lernten die Besitzer auch die Feinheiten der Topografie kennen und konnten ein durchdachtes Wegesystem entwickeln, das durch Treppenstufen miteinander verbunden wurde. Neben dem unteren Rundweg entstanden ein zweiter und, wo das Gelände es zuließ, ein dritter Weg. Gleichzeitig ergaben sich größere und kleinere Flächen, die Platz für eine Bank oder Raum für eine kleine Terrasse boten. Die schrittweise „Eroberung und Erkundung" des Grundstücks vollzog sich über rund 20 Jahre. Antrieb für diesen Prozess waren die immer wieder neu entdeckten Möglichkeiten, die das Grundstück bot. Außerdem wurden auch die oft mühseligen Detailarbeiten immer wieder mit erstaunlichen Ergebnissen belohnt. Aus jedem neu geschaffenen Weg und jedem neuen Sitzplatz ergaben sich weitere spannende Perspektiven auf das Gelände. Auf den oft erst provisorisch eingerichteten Sitzplätzen wurden Picknicks veranstaltet, bei denen die neu gewonnenen Aussichten genossen wurden. Die Ruhepausen waren zugleich kreative Zeiten, in denen aus Visionen konkrete Planungen für die weitere Gestaltung und die Bepflanzung entstanden.

LINKS
Das Rankgerüst am Treppenaufgang wird von der einjährigen Gartenbohne *(Phaseolus vulgaris)* berankt.

RECHTS
Kleine Sitzplätze auf unterschiedlichen Höhen laden zum Verweilen ein.

Ruhepunkte und Ruhepausen

Da die Geländeform keine größere Rasenfläche zulässt, sind es, neben den Wegen und kleinen Nischen für Bänke, zwei Terrassen, die die Struktur des Gartens bestimmen. Die erste große Terrasse liegt direkt am Haus und ist mit Natursteinen belegt. Zum Hang hin grenzt eine Stützmauer aus Ruhrsandstein den sommerlichen Wohnraum ab. Auf halber Höhe vor dem Gartenpavillon befindet sich eine zweite Terrasse aus Granitsteinen. Beide Sitzplätze sind auch Ruhepole für die Augen der Besucher, damit sie die große Fülle der Eindrücke

besser bewältigen können. Ein weiterer Ruhepunkt ist die Wasserfläche eines Beckens neben der unteren Terrasse, das von dem kleinen Bach gespeist wird.

Geschickte Nutzung der Hanglage

Die gesamte Bepflanzung des Gartens ist auf die beiden steilen Hänge abgestimmt, die im Hintergrund der Schlucht zusammenstoßen und besondere Effekte möglich machen. Die am oberen Rand der Schlucht errichteten Nachbarhäuser werden durch ein kleines Robinienwäldchen verdeckt, sodass sich dadurch selbst im Winter ein Sichtschutz ergibt. Die Funktion als natürlicher Paravent erfüllen sie auch, wenn die Bäume entlaubt sind und der Blick aus der Talsohle die Baumstämme und Baumkronen als eine Einheit wahrnimmt. Auf einer ebenen Fläche würde der Blick durch die Stämme auf die Nachbarhäuser fallen; die Perspektive aus 30 Metern Tiefe ergibt jedoch ein vollkommen anderes Bild.

Die beiden gegenüberliegenden Hänge wurden bei der Bepflanzung ideenreich genutzt. Zu den ersten Blühern in den späten Wintermonaten gehören einige Kamelien *(Camellia japonica)*, die sich zu beiden Seiten des Tales auf verschiedenen Höhen befinden. Wie bei einer Pflanzentreppe sind hier die großen Kamelienbüsche auf beiden Hängen so angeordnet, dass sie nicht nur eine punktuelle Wirkung entfalten, sondern den gesamten Garten mit Farbe füllen. Diese „Vervielfältigungen" ziehen sich durch das ganze Gartenjahr. Den Kamelien folgen oft zeitnah die Schneeglöckchen *(Galanthus)* und etwas später der Schneeglanz *(Chionodoxa)*.

Frühling in „Etagen"

Die Vorfrühlingsblüher haben sich im Laufe der Jahre ausgebreitet und überziehen die Hänge farbenfroh. Es folgt die Zeit der Narzissen mit den verschiedensten Sorten. Dichternarzissen fühlen sich in den gegebenen Bodenverhältnissen sehr

Ganz früh im Jahr setzen große Kamelienbüsche blühende Akzente. Ihre Wirkung wird durch die gestaffelte Bepflanzung noch gesteigert.

OBEN
Die Wege am Hang entlang ermöglichen verschiedene Perspektiven auf ein und dieselbe Gartenpartie: hier die Ansicht von unten auf die Tulpen und Dichternarzissen.

UNTEN
Vom oberen Weg aus ergibt sich nicht nur im Frühling ein herrlicher Blick auf die Gesamtsituation zu beiden Seiten der Schlucht.

OBEN
Entlang des Bachlaufes blühen im Sommer große Hortensienbüsche auf unterschiedlichen Höhen. Aufgrund der Bodenverhältnisse blühen einige Hortensien in kräftigem Blau.

UNTEN
Einzeln gepflanzte Prachtspieren in hellen Farben lockern das kompakte Bild auf. Durch die Pflanzung am Hang wird die Wirkung verstärkt.

wohl. Sie wirken nicht in der Masse, die grazile Schönheit der einzelnen Blüten kommt an einem steilen Hang besonders zur Geltung. In Reihen am Wegesrand oder in Töpfen gepflanzt, folgen späte Tulpen auf die Narzissen. Dabei versteht es Uschi Engelhardt, die Tulpentöpfe mit Sorten in leuchtenden Farben so zu platzieren, dass sie schöne Akzente setzen. Blühende Obstbäume, Magnolien *(Magnolia)* und Zierkirschen *(Prunus serrulata)* vervollständigen das attraktive Frühlingsbild. Während in anderen Gärten Frühlingsblumen und Gehölze meist nur eine solitäre Wirkung haben, macht der Aufbau des Geländes ein vertikales Gesamtbild möglich und vervielfältigt so die Wirkung.

Besondere Kombinationen

Das gilt auch für die vielen Sträucher, Rosen und Gehölze, die in den nachfolgenden Monaten blühen. Alle Möglichkeiten, die das Gelände bietet, werden perfekt genutzt. Die Pflanzung von zahlreichen verschiedenen *Astilben*-Sorten ist ein weiteres Beispiel dafür. Während diese Staudenart auf einer ebenen Fläche oft starr und kompakt wirkt, erzielen Prachtspieren *(Astilben)* an den Hängen eine vollkommen andere Wirkung. Wie luftige Blütenwolken schweben sie in starken Horsten auf unterschiedlichen Höhen. Sie ergänzen auch die Hortensien, die zur gleichen Zeit blühen. Auf einem flachen Beet wäre so eine Kombination von zweifelhafter Wirkung, aber in gestaffelter Pflanzung am steilen Hang ergibt sich ein überzeugendes Bild. Auch die Taglilien haben ihren Standort oberhalb eines Weges erhalten. So öffnen sich die Blüten in Augenhöhe des Betrachters und alle Details der jeweiligen Züchtung können aus der Nähe wahrgenommen werden.

Farbenrausch im August

Im August erreicht die Bepflanzung in dem Garten ihren absoluten Höhepunkt. Uschi Engelhardt hat eine Vorliebe für Dahlien und mit über 200 Pflanzen inszeniert sie einen sommerlichen Farbenrausch. Die meisten Dahlien pflanzt sie nach Plan, mit den Resten gestaltet sie neue Gartenbilder. Zu diesen gehören faszinierende Kombinationen mit Zieräpfeln, Johannisbeeren, Blaubeeren und Pfirsichbäumen. Diese Standorte werden besonders gepflegt und es entstehen Stillleben, die an Bilder niederländischer Maler erinnern. Wie diese die Leinwand benutzt haben, so nutzt Uschi Engelhardt die Gegebenheiten des Gartens, um ein lebendiges barockes Gartenbild zu gestalten. Um den Eindruck der üppigen Fülle noch zu steigern, stehen an verschiedenen Plätzen große, zum Teil übermannshohe Engelstrompeten *(Brugmansia)* in Töpfen. Durch spezielle Düngung sind die Pflanzen mit zahlreichen großen und stark duftenden Blüten behängt. Einen besonders imposanten Eindruck bietet eine orangefarbene Sorte mit ihren gewaltigen Trompetenblüten.

Durch eine gestaffelte Pflanzung verwandeln zahlreiche Dahlien den Garten im Hochsommer in ein buntes Blütenmeer.

EMPFEHLUNGEN

Dahlien

Schon vor der Überwinterung der Dahlienknollen sollte einiges beachtet werden: „Bereits im August oder September, während der Vollblüte, fotografiere ich die Blüte der Pflanze. Das Miniaturfoto beschrifte und laminiere ich. Das Etikett wird dann an einem unteren festen Stiel der jeweiligen Pflanze angebunden und dient als Ausweis der Pflanze für das nächste Jahr", erklärt Uschi Engelhardt. An einem sonnigen, vor allem aber trockenen Oktobertag werden die Dahlienknollen dann mit einer Grabegabel vorsichtig aus der Erde gehoben. Vor dem Ausgraben wird die Dahlie 10 bis 15 cm über dem Boden abgeschnitten und mit trockener Erde in einen großen Topf oder auch in einen Plastikbeutel gesetzt. Der Beutel muss ausreichend Luftzufuhr bekommen, sonst fault die Knolle. Die so versorgten Dahlien kommen nun in ein frostfreies, nicht zu warmes Winterquartier.

Dahlien, die in Töpfen wachsen, sollten einige Tage vor dem Ausgraben der Knollen nicht mehr gegossen werden, damit die Erde trocknen kann. Die Pflanzen werden in ca. 15 cm Höhe abgeschnitten und mit dem Topf in das frostfreie kühle Winterquartier gestellt. Die Pflanzen dürfen nun nicht mehr gegossen werden! Im Winterquartier ruhen die Knollen bis zum erneuten Auspflanzen.

Besitzt man ein Gewächshaus, einen Wintergarten oder dergleichen, können die Dahlien ab Mitte März in Töpfen mit Pflanzerde (Uschi Engelhardt fügt immer eine Handvoll Sand dazu), etwas Hornspänen oder „Oscorna Animalin"-Dünger vorangetrieben werden. So sind die Pflanzen in der Regel schon gut entwickelt, wenn sie nach den Eisheiligen, also nach dem 15. Mai, in die Beete oder in Pflanzgefäße umziehen, um dann schon im Juni zu blühen.

Natürlich müssen Dahlien nicht vorgezogen werden. Bei schönem Wetter können die Knollen ab Mitte April gepflanzt werden, meist zieht sich diese Arbeit bis in den Mai. Die Dahlienknollen werden mit Kompost und Hornspänen gepflanzt und mit

zwei Bambusstäben sowie dem dazugehörigen Etikett versehen. Wenn die Dahlienknollen trotz guter Behandlung kein Grün aus der Erde treiben, liegt das in der Regel an Schnecken. Die schleimigen Feinde kriechen in die noch kahle Erde und fressen die unterirdischen Triebe ab. Da hilft nur der gezielte Einsatz von Schneckenkorn. Man muss es leider auch nachstreuen, wenn die ersten Dahlientriebe nach bis zu drei Wochen an der Oberfläche erscheinen. Schließlich geht es hier um das Lieblingsfutter der Schnecken.

Haben Dahlien ca. 40 cm Höhe erreicht, sollten die Stiele angebunden werden. Nach weiteren 30 bis 40 cm Wachstum wird dieser Vorgang wiederholt, denn eine umgefallene oder auseinandergebrochene Dahlie kann nur schwer wieder in Form gebracht werden. Während der Blütezeit sollte Verblühtes regelmäßig entfernt werden, die Blüten verkleben sonst unschön. Außerdem kostet die Samenbildung Kraft. Arbeitet man im August noch einmal eine Handvoll Animalin in die Erde ein, dankt es die Dahlie mit noch mehr Blühfreude. Die Dahlie ist eine zauberhafte Diva, die bis zum ersten Frost eine Augenweide ist. Dafür lohnt sich die Mühe!

LINKE SEITE
Bereits beim Pflanzen werden Stäbe in die Beete gesteckt, an denen später die hochwachsenden Dahlien festgebunden werden können.

OBEN
Ungefüllte Dahlien sind ein beliebter Landeplatz für Bienen, Schmetterlinge und viele andere Insekten.

UNTEN
Im Herbst werden an jeder Dahlie laminierte Fotos befestigt, damit im nächsten Frühjahr eine sichere Bestimmung der Sorten erfolgen kann.

Kübelpflanzen

Fuchsien *(Fuchsia)* brauchen einen halbsonnigen Standort. Zudem sollten sie zwei- bis dreimal pro Woche mit einem Nährsalz, welches in Wasser aufgelöst wird, gedüngt werden. Die Pflanzen müssen frostfrei, kühl und hell überwintern und mäßig feucht gehalten werden. Ab April können sie ins Freie gestellt werden, zur Eingewöhnung anfangs aber möglichst nur an bedeckten Tagen.

Engelstrompeten *(Brugmansia)* wie z.B. die rosa gefüllte Sorte 'Phänomenal', die weiße gefüllte 'Angels Proud', oder eine gelb-orange blühende Sorte werden im April bis Mai in frische Erde mit Hornspänen in große Kübel gesetzt. Ende April, Anfang Mai können sie ins Freie. Zunächst benötigen sie nur vorsichtige Wassergaben, im Laufe der Saison entwickeln sie sich mit einem Tagesbedarf von 5 bis 10 Litern (je nach Größe der Pflanze) aber zu wahren „Säufern". Engelstrompeten benötigen ausreichend Dünger, Anfang Juni hat sich eine Blaukorngabe bewährt, ab Mitte Juni folgt eine tägliche Düngergabe mit Nährsalz. Die Pflanzen müssen vor dem ersten Frost ins Winterquartier, dort können sie recht dunkel stehen. Sie sollten ab und zu etwas gegossen werden, aber nur mäßig feucht gehalten werden! Bevor die Engelstrompeten ins Winterquartier kommen, sollten sie oberhalb der Gabelungen beschnitten werden. Haben sich an der überwinterten Pflanze Schädlinge eingestellt, verschwinden diese in der Regel an der frischen Luft im Frühling ganz ohne Chemie. Aus abgeschnittenen Trieben können ganz einfach Stecklinge für das kommende Jahr gezogen werden. Uschi Engelhardt rät: „Stecken Sie die etwa 25 bis 30 cm langen Triebe in Anzuchterde und halten Sie diese gut feucht. Sobald sie Wurzeln getrieben haben, können sie in größere Töpfe umziehen."

UNTEN
Die gut gedüngten Fuchsien entwickeln einen dichten Blütenflor.

RECHTS
Die beeindruckend große orangefarbene Engelstrompete ist ein Urlaubssouvenir aus Madeira.

Fasziniert von der Pflanzenwelt

Faszination der Pflanzenwelt

Die Pflanzenwelt ist in ihrer Vielfalt faszinierend und in ihrer Gesamtheit kaum zu begreifen. Was die Natur bei unterschiedlichen Klimabedingungen und Bodenverhältnissen an pflanzlichen Formen und Farben hervorbringt, ist ein Wunder, das die menschliche Wahrnehmung wahrscheinlich überfordert. Vielleicht ist die begrenzte Wahrnehmungsfähigkeit der Grund für die Ignoranz, die sich in der industriellen Gesellschaft gegenüber der Pflanzenwelt leider bei vielen entwickelt hat. Nützlichkeits- und Ordnungsdenken haben den Fokus zusätzlich verengt und zusammen mit Pestiziden und Herbiziden diese Vielfalt in Gefahr gebracht.

Ganz anders nimmt das Ehepaar Inge und Gerd Imkamp Pflanzen wahr: Sie sind von der Vielfalt der Pflanzenwelt fasziniert und haben zahlreiche Reisen unternommen, um besondere Pflanzenkombinationen an ihren Naturstandorten auf dem Balkan, in Kleinasien oder den Pyrenäen zu sehen und zu fotografieren. Darüber hinaus sind sie an allem interessiert, was durch züchterische Arbeit an gartentauglichen Pflanzen entwickelt worden ist. Bei jährlichen Gartenreisen in die klassischen Gartenländer Westeuropas und bei regelmäßigen Besuchen der offenen Gärten in Deutschland sahen sie, wie kreativ Pflanzen in Gärten verwendet werden. Als Folge dieser Reisen und der fortlaufenden Erweiterung und Vertiefung ihrer botanischen Kenntnisse gestalteten sie Bereiche ihres Gartens mehrfach neu. Ein Steingarten, eine Teichanlage und ein Rosengarten waren nur Durchgangsstationen bis zum heutigen Stauden- und Kiesgarten. Natürlich gab

OBEN
Rosen und Rittersporn sind eine klassische Kombination, aber hier stiehlt der Rittersporn 'Elmfreude' den Rosen die Show.

RECHTS
Hier wächst nichts zufällig: Die Bepflanzung wurde so aufgebaut, dass vom Frühjahr bis zum Herbst blühende Pflanzen für Farbe sorgen.

OBEN LINKS
Linden wachsen als Spalier quer durch den Garten.

OBEN RECHTS
Die Weiße Wiesenraute überragt die Skulpur.

UNTEN LINKS
Die Sonnenuhr steht in der Mitte des Bauerngartens.

UNTEN RECHTS
Die Eiben-Figur bildet einen Ruhepunkt zur dichten Bepflanzung der Beete.

es auch gärtnerische Gründe für die jeweiligen Um- und Neugestaltungen, zum Beispiel, als das Wachstum der Gehölze die Proportionen des Gartens sprengte. Aber auch die Erkrankung der Buchshecken im Rosengarten gab den Anlass, den entsprechenden Gartenraum neu zu gestalten. Bei einer Unterhaltung mit dem Ehepaar Imkamp wird schnell klar, dass der sich stets erweiternde Kenntnisstand über die Vielfalt der Pflanzenwelt und deren Verwendungsmöglichkeiten ein weiterer Grund für diese radikalen Veränderungen ist. Von ihren Reisen brachten sie zu viele Anregungen mit, um sich mit dem vorhandenen Garten zu begnügen.

Anfänge in London

Bei Inge und Gerd Imkamp gibt es so etwas wie eine gemeinsame „gärtnerische Biografie". Die Initialzündung dazu erfolgte fast zufällig auf einer Reise, die die beiden Englischlehrer 1972 nach London führte. Ein trüber Londoner Regentag trieb sie in die trockenen Hallen der berühmten Chelsea-Flower-Show. Es waren nicht die blühenden Rosen, Sträucher und Gehölze, die sie am meisten beeindruckten, sondern die Kakteen, die sich dort in einer ihnen bisher nicht gekannten Vielfalt präsentierten. Da sie damals in einer Mietwohnung lebten, war die Folge ihres Besuches eine kleine Kakteensammlung, die ihren Platz in einem entsprechenden Glashaus auf dem Balkon erhielt. Mit dem Aufbau der Sammlung wuchs auch die notwendige Fachkenntnis. Als sie wenige Jahre später ein Haus mieteten, bauten sie in dem dazu gehörenden Garten ein großes Kakteenhaus und die Sammlung konnte erweitert werden. 1976 erwarben sie ihr jetziges Wohnhaus, verkauften aber die Sammlung, die bereits einen erheblichen Wert hatte.

Wurzeln im eigenen Garten

Auf dem eigenen 1100 Quadratmeter großen Grundstück in Ahlen konnten sie schließlich eine dauerhafte Gartenanlage schaffen. Da das Grundstück vom Haus bis zum hinteren Ende des Geländes ein Gefälle von 1,10 Meter hat, erfolgte die Gartenplanung auf drei Ebenen. Auf den ersten 15 Metern hinter dem Haus wurde zu beiden Seiten des Mittelweges Erde aufgeschüttet und so die Neigung noch betont. An den Seiten zu den Nachbargrundstücken befestigen große Kalksteinblöcke die Erde. Auf den „Hängen" rechts und links des Mittelweges entstand jeweils ein Steingarten. Der Weg endete vor einem Gartenteich, für den auf der Mitte des Grundstücks eine Ebene planiert wurde. Der 4 x 8 Meter große Teich erstreckte sich quer über das Grundstück und schloss den Steingarten im hinteren Bereich ab. Auf dem letzten Drittel des Grundstücks, welches sich eine Stufe tiefer als die Teichanlage befindet, entstanden zwei kleine quadratische Gartenräume: Auf der rechten Seite ein Bauerngarten mit rechtwinkligen Beeten, auf der linken Seite befindet sich eine kleine runde Rasenfläche, die das Zentrum des weißen Gartens bildet. Dort fand auch ein Gartenpavillon seinen Platz. Diese beiden Gartenräume aus der ersten Phase der Gartengestaltung sind bis heute erhalten geblieben.

„Uns fasziniert die unglaubliche Vielfalt der Pflanzenwelt."

Vom Steingarten zum Rosengarten

Die zahlreichen Gartenreisen und die immer umfangreicheren Pflanzenkenntnisse weckten fortwährend wieder den Wunsch, den Garten grundlegend zu verändern. Nach einigen Jahren wurden daher der Steingarten und der Teich entfernt. Die Kalksteinblöcke, die bisher die aufgeschütteten Böschungen abgefangen hatten, fanden nun eine neue Verwendung als Stützmauer. Diese führt quer über das Grundstück, so dass eine obere Ebene mit einer quadratischen Rasenfläche als Zentrum entstand. Rechts und links, zu den Nachbargrundstücken hin, fanden besondere Gehölze ihren Platz und davor entstanden Staudenbeete. Längs der Stützmauer, noch auf der oberen Ebene, wurden vier kleinblättrige Linden *(Tilia parvifolia)* gepflanzt, die diesen Gartenteil zu einem geschlossenen Raum machen. Die Stämme lassen im unteren Bereich einen Durchblick zu, so dass keine Enge entsteht. Vielmehr ist nun auf der folgenden, ca. 70 cm tiefer liegenden, Ebene ein weiterer Gartenraum erkennbar. Die Funktion als „durchsichtiger Gartenparavent" erfüllen die Linden bis heute: Ihre Kronen sind inzwischen durch einen regelmäßigen Schnitt zu einer schmalen Hecke zusammengewachsen. Auf der zweiten

Ebene entstand zunächst ein Rosengarten. Etwa 100 Englische Rosen (vor allem Züchtungen von David Austin) wurden in von Buchshecken eingefasste Beete gepflanzt. An der rechten Seite errichtete das Ehepaar Imkamp in Eigenleistung eine stilvolle Pergola mit einem kleinen Sitzplatz. Der dritte Gartenraum, bestehend aus dem weißen Garten und dem Bauerngarten, blieb unverändert.

Nach den Rosen kamen die Stauden

Die Gehölze wuchsen, es entstanden größere Schattenbereiche und damit entwickelte sich auch mehr Feuchtigkeit. Im Rosengarten erkrankten die Buchshecken am Pilz *Cylindrocladium buxicola* und beeinträchtigten das Gesamtbild erheblich. Die Konsequenz aus dieser Entwicklung war natürlich wieder eine Neugestaltung. Die meisten Gehölze wurden verschenkt: Ein großer Magnolienstrauch grüßt daher heute vom Nachbargrundstück. Auch ein Ginkgo, der die Dimension des Gartens Imkamp mit den Jahren gesprengt hätte, hat in einem Nachbargarten einen Platz gefunden. So entstand neuer Platz für breite Staudenbeete, die mit ihren differenzierten Farb- und Höhenabstufungen beeindrucken. Im Anschluss an Haus und Terrasse wird auf der oberen Ebene des Gartens eine quadratische Rasenfläche an drei Seiten von Staudenbeeten eingerahmt. Die Stauden sind so nach Farben angeordnet, dass sie fließend ineinander übergehen. Zur Zeit der ersten sommerlichen Hochblüte dominiert die Farbpalette mit Gelb und geht über in Orange bis zu kräftigem Rot. Auf dem quer unter den Linden verlaufenden Beet setzen sich die zarteren Gelbtöne, mit etwas Weiß durchmischt, fort. Auf der linken Seite finden sich Stauden in den Farben Rosa und Violett. Dieses Farbspektrum gilt auch für die Herbstblüte.

Der Gartenteich als Mittelpunkt der Anlage entstand 1988, musste dann aber einer anderen Gestaltung weichen.

OBEN
Wo vorher der Gartenteich war (Bild S. 118), entstand 2002 ein klassischer Rosengarten mit Buchseinfassung und vielen Englischen Rosen.

UNTEN
Als die Buchshecken durch Pilzerkrankungen unansehnlich geworden waren, legten die Gartenbesitzer 2010 ein Kiesbeet mit vielen botanischen Raritäten an.

LINKE SEITE
Im Kiesbeet hat eine unglaubliche Anzahl an Zwiebelblumen, Stauden, Gräsern und Kleinsträuchern ihren Platz gefunden.

LINKS
Im Gegensatz dazu ist das Purpurbeet eine kompakte Masse violett blühender Stauden. Die Indianernessel 'Vintage Wine' beeindruckt durch ihre Farbintensität.

Vielfalt im Kiesbeet

Die zweite Ebene des Gartens, die einige Stufen tiefer liegt, wurde als Kiesgarten angelegt und ist nach dem spektakulären Farbenspiel im ersten Gartenraum eine Beruhigung für das Auge. Auf dieser Fläche befanden sich früher der Teich und später der Rosengarten. Nach dessen Beseitigung wurde zunächst eine 5 bis 10 cm dicke Kiesschicht aufgetragen. Um die höheren Partien zu befestigen und die Oberfläche zu modellieren, hat das Ehepaar Imkamp verschiedene Steine gelegt: Zum einen sind es große, 3 bis 4 cm starke Steinplatten, die wie Stufen in mehreren Lagen über- und nebeneinander liegen, so dass unterschiedliche kleine Ebenen entstehen. Zum anderen sind es einzelne kleinere Findlinge. In einem Teilbereich sind Schieferplatten mit einem Abstand von 3 bis 4 cm senkrecht nebeneinander in die Erde eingelassen. Diese Steinplatten sind so angeordnet, dass sie einen kleinen „Buckel" bilden und in den Zwischenräumen nässeempfindliche Pflanzen wie verschiedene kleinwüchsige *Geranium*-Sorten ihren Platz gefunden haben. So tragen verschiedene Gestaltungselemente dazu bei, den Kiesgarten geschickt zu strukturieren. Die gepflasterten Wege, die durch den Kiesgarten führen, machen es möglich, die vielen Details aus der Nähe zu betrachten. Die ausgewogene und der Größe angemessene Bepflanzung ist das Ergebnis umfangreicher Pflanzenkenntnisse des Ehepaares Imkamp. Unter den *Empfehlungen* haben wir die wichtigsten Gräser, Stauden und Kleinsträucher aufgelistet. Auf der rechten Seite wird der Kiesgarten von der Pergola mit Sitzplatz begrenzt. Die 'Eden Rose 85', die die Pergola und den Sitzplatz überrankt, stammt noch aus der Zeit des Rosengartens.

Das Purpurbeet

Auf der linken Seite schließt ein Staudenbeet den Kiesgarten zur Grundstücksgrenze hin ab. Hier wurden Stauden und Gehölze gepflanzt, die die ganze Bandbreite der Farben Lila bis Rosa-Rot-Violett zeigen. Durch seine Farbintensität nimmt das „Purpurbeet" einen Sonderstatus innerhalb des Gartens ein. Während die Farben der Stauden im oberen Gartenteil, wie bei einem Regenbogen, fließend ineinander übergehen, zeigt sich die Konzentration auf die Farbe Purpur, die in sich verschiedene Nuancen aufweist, in einer kaum zu beschreibenden Intensität. Unter den *Empfehlungen* haben wir die verwendeten Pflanzen aufgelistet.

Boden und Klimabedingungen

Die Bodenverhältnisse liegen bei einem pH-Wert von 7 und sind eine der Grundvoraussetzungen, um die Pflanzenvielfalt anzusiedeln. Außer Moorbeetpflanzen, die sauren Boden benötigen, wächst hier alles. Auch die Bodenstruktur ist optimal, da das Grundstück nach dem Bau des Hauses mit gutem Mutterboden aufgefüllt wurde. Nach den Klimabedingungen gefragt, verweist Gerd Imkamp auf eine 12 Meter hohe Immergrüne Magnolie *(Magnolia grandiflora)*, die neben dem Hausgiebel emporgewachsen ist. Die Heimat dieser Magnolienart mit den immergrünen Blättern ist der Südosten der USA. Es ist nicht nur die Klimaerwärmung, die dieses Wachstum ermöglicht, sondern ein durch die Bebauung der Siedlung entstandenes Kleinklima, das von den offiziell ermittelten Klimadaten der Region erheblich abweicht. Die mächtige, sehr gesunde Magnolie ist dafür ein Beleg.

Die Kunst, die Farbigkeit über Monate zu erhalten, wird perfekt beherrscht: *Allium*, *Geranium* und Lupinen haben ihre Zeit in der zweiten Maihälfte.

„Es wird durchgeblüht"

Im Sommer und im Herbst befindet sich der Garten auf dem Höhepunkt der Blüte, aber auch zu anderen Jahreszeiten gedeihen hier zahlreiche blühende Gewächse. Der Vorfrühling beginnt mit 100 verschiedenen Schneeglöckchensorten und einer breiten Palette weiterer Zwiebelblumen, die die Frühlingsmonate begleiten. Die Tulpen sind, entsprechend der späteren Staudenblüte, nach Farben angeordnet. Mit fünf verschiedenen Zierlauchsorten endet im Mai die Blütezeit der Zwiebelgewächse. Im Juni tragen 60 bis 70 *Geranium*-Sorten in den Gartenräumen zur Blütenfülle bei.

Moorbeet im Vorgarten

Wie breit die Pflanzenkenntnisse des Ehepaares Imkamp angelegt sind, zeigt ein Moorbeet im Vorgarten. Es musste nach Jahren neu angelegt werden, weil das robuste Wachstum einiger Arten die zarteren Pflanzen zu überwuchern drohte. Für die Neuanlage wurden unter dem Beet Teichfolie ausgelegt und eine große Baumwurzel so in den Boden eingelassen, dass die Höhlungen zwischen den einzelnen Wurzeln den Blick in die Tiefe ermöglichen. Durch diese Höhlungen kann der Wasserstand kontrolliert werden, gleichzeitig ist es ein faszinierendes gestalterisches Element: Denn aus dem Dunkel schimmert die Wasserfläche und man erwartet vielleicht kein Ungeheuer, aber mindestens eine dicke Kröte, die dort haust. Um die Bepflanzung mit fleischfressenden Pflanzen, Orchideen und anderen besonderen Gewächsen zu würdigen, braucht es den Kennerblick.

Der Garten Imkamp ist kein „Sammlergarten", der durch seine Einzelelemente wirkt. Vielmehr ist die Gesamtheit des Gartens das Meisterwerk einer gärtnerischen Farben- und Harmonielehre – und das bei einer Grundstücksgröße von 1100 Quadratmetern.

Hier ist die Begeisterung für die Pflanzenwelt zu sehen:

OBEN LINKS
Ein Gang für Schattenpflanzen.

OBEN RECHTS
Eine Schneeglöckchen-Sammlung mit Raritäten.

UNTEN LINKS
Die Hochsommerblüte in Orange- und Rottönen.

UNTEN RECHTS
Das Moorbeet im Vorgarten.

Nepal-Chinaschilf *(Miscanthus nepalensis)* ist eine seltene Wildart.

EMPFEHLUNGEN

Kiesbeet

Die Bepflanzung des Kiesbeetes gibt einen Eindruck von der bis ins kleinste Detail ausgefeilten Bepflanzung aus Zwiebelblumen, Stauden, Gräsern und Kleinsträuchern. Die nachstehende Auflistung ist nach Jahreszeiten geordnet:

Vorfrühling

- Schneeglöckchen *(Galanthus)* – in 30 Varietäten – z.B. 'The Wizard', 'Phil Cornish', 'E.A.Bowles', 'Ecusson d'Or', 'Fee Clochette', 'Kildare', 'Trymposter', 'Alan's Treat'
- Reifrock-Narzissen *(Narcissus bulbocodium)*
- Tulpen *(Tulipa)*: 'Persian Pearl', 'Little Beauty'

Frühling

- Nelke *(Dianthus)* 'Watson', 'Berlin Snow'
- Pfingstnelke *(Dianthus gratianopolitanus)* 'Baby Lom'
- Schwertlilie *(Iris)* 'Champagne Waltz', 'Crystal Glitters'
- Seidelbast *(Daphne collina x arbuscula)*
- Seidelbast *(Daphne x hendersonii)* 'Ernst Hauser'
- Seidelbast *(Daphne susannae)* 'Lawrence Crocker'
- Zwerg-Seidelbast *(Daphne schlueteri)* 'Hans Bauer'

Sommer

- Goldmohn *(Eschscholzia californica)* 'Milkmaid'
- Montbretie *(Crocosmia masoniorum)* 'Firebird', 'Okavango', 'Miss Scarlet', 'Walberton's Yellow'
- Trichterschwertel *(Dierama jucundum)*
- Roter Scheinsonnenhut *(Echinacea purpurea)* 'Excentric'
- Zweifarbiger Sonnenhut *(Echinacea Hybride)* 'Flame Thrower'
- Scheinsonnenhut *(Echinacea)* 'Guava Ice', 'Hot Papaya', 'Southern Belle'
- Gefüllter Sonnenhut *(Echinacea)* 'Marmalade'

- Nepal-Storchschnabel *(Geranium wallichianum)* 'Crystal Lake'
- Grauer Storchschnabel *(Geranium cinereum)* 'Lambrook Helen'
- Bergwald-Storchschnabel *(Geranium nodosum)* 'Clos de Coudray'
- Blut-Storchschnabel *(Geranium sanguineum)* 'Canon Miles'
- Türkenbund-Lilie *(Lilium martagon)* 'Guinea Gold'
- Vexiernelke *(Lychnis coronaria)*
- Strahlen-Breitsame *(Orlaya grandiflora)*
- Netzblatt-Pfingstrose *(Paeonia tenuifolia)* 'Plena', 'Rosea'
- Teppichverbene *(Phyla nodiflora)*
- Hohes Fingerkraut *(Potentilla recta)* 'Pallida'
- Ziersalbei *(Salvia)* 'Amistad'
- Helmkraut *(Scutellaria scordifolia)*
- Wiesenraute *(Thalictrum actaeifolium)* 'Perfume Star'
- Wiesenraute *(Thalictrum delavayi)* 'Splendide',
- Kalifornische Fuchsia *(Zauschneria californica)* 'Dublin'
- Gräser: Riesen-Federgras *(Stipa gigantea)*, Mähnen-Gerste *(Hordeum jubatum)*

Die Montbretie 'Firebird' präsentiert ihre eleganten Blüten.

Herbst

- Gräser: z.B. Chinaschilf *(Miscanthus nepalensis)*, Weißbuntes Chinaschilf *(Miscanthus sinensis)* 'Morning Light', Braunrote Rutenhirse *(Panicum virgatum)* 'Hänse Herms', Riesen-Rutenhirse *(Panicum virgatum)* 'Northwind'
- Stauden: Fackellilie *(Kniphofia rooperi)*

Am Rande des Kiesbeetes ist – wie im Text beschrieben – aus senkrecht eingelassenen Steinplatten eine Besonderheit entstanden, die unabhängig von dem umgebenden Kiesbeet betrachtet werden kann. Die Eigentümer bezeichnen dieses Gartenelement als „Kliff". Dort findet sich eine andere Bepflanzung als im Kiesbeet. Nachfolgend die Pflanzenliste:

- Aschgrauer Garten-Storchschnabel *(Geranium cinereum)* 'Jolly Jewel Purple', 'Jolly Jewel Salmon', 'Jolly Jewel Night', 'Jolly Jewel Raspberry', 'Jolly Jewel Hot Pink', 'Lawrence Flatman' und 'Lambrook Helen'
- Berg-Lauch *(Allium senescens ssp. montanum)*
- Gamander *(Teucrium aroanium)*
- Helmkraut *(Scutellaria suffrutescens)* 'Texas Rose'
- Hopfen-Dost *(Origanum rotundifolium)* 'Kent Beauty'
- Hopfen-Oregano *(Origanum x cultorum)* 'Amethyst Falls'
- Japanische Ulme *(Ulmus parvifolia)* 'Hokkaido'
- Kugelblume *(Globularia repens)*
- Pelargonie *(Pelargonium endlicherianum)*
- Polster-Kappenmohn *(Eschscholzia caespitosa)*
- Seidelbast *(Daphne arbuscula)*
- Storchschnabel *(Geranium)* 'Storm Chaser'
- Storchschnabel *(Geranium lambertii x traversii)* 'Coombland White'
- Weißer Blutstorchschnabel *(Geranium sanguineum)* 'Album'
- Trompeten-Lilie *(Lilium formosanum)* 'Little Snow White'
- Zwerg-Büschelglocke *(Edraianthus pumilio)*
- Zwerg-Königskerze *(Verbascum)* 'Letitia'
- Zwergseidelbast *(Daphne collina)*

OBEN
Einige der gefüllten dunkelrosa Blüten des Scheinsonnenhut 'Southern Belle' öffnen sich oft schon Ende Juni.

RECHTS
Der wüchsige Sommer-Phlox 'Düsterlohe' verströmt einen zarten Duft.

Bepflanzung des „Purple Border“

Die Stauden sind nach ihrer Wuchshöhe geordnet, so dass der Aufbau des Beetes vom vorderen Rand bis zum Hintergrund nachvollziehbar ist. Voraussetzung für das Wachstum dieser Pflanzengesellschaft ist ein pH-Wert um 7.

Zwiebelpflanzen

- Granat-Kugellauch *(Allium atropurpureum)*
- Byzantische Siegwurz *(Gladiolus communis ssp. byzantinus)*
- Schmetterlings-Gladiole *(Gladiolus papilio)* 'Ruby'
- Türkenbund-Lilie *(Lilium martagon)* 'Claude Shride'
- Papageientulpe *(Tulipa)* 'Black Parrot'
- Lilienblütige Tulpe *(Tulipa)* 'Purple Dream'

Stauden bis 50 cm Höhe

- Glattblatt-Aster *(Aster novi-belgii)* 'Royal Ruby'
- Miesmäulchen *(Chelone obliqua)* 'Pink Turtle'
- Sonnenhut *(Echinacea)* 'Delicious Candy', 'Supreme Elegance'
- Armenischer Storchschnabel (Geranium Psilostemon-Hybride) 'Anne Thomson'
- Storchschnabel *(Geranium wallichianum)* 'Hexham Velvet'
- Storchscnabel *(Geranium psilostemon)* 'Matu Vu'
- Taglilie *(Hemerocallis Hybride)* 'Little Grapette'
- Hohe Fetthenne *(Sedum)* 'Postman's Pride'

Stauden mit 50 bis 120 cm Höhe

- Roter Engelwurz *(Angelica gigas)*
- Dahlie *(Dahlia)* 'Harrisbrook'
- Großblütige Taubnessel *(Lamium orvala)*
- Lobelie *(Lobelia)* 'Monet Moment'
- Indianernessel *(Monarda fistulosa)* 'Gewitterwolke', 'Kardinal', 'Mahogany' und 'Purple Ann'
- Kerzenknöterich *(Persicaria amplexicaulis)* 'Blackfield'
- Hoher Sommer-Phlox *(Phlox paniculata)* 'Autumn Joy', 'Düsterlohe', 'Neon Flare', 'Nicky' und 'Red Caribbean'

Stauden mit 120 bis 280 cm Höhe

- Seidenbaum *(Albizia julibrissin)* 'Summer Chocolate' (kleiner Baum)
- Raublatt-Aster *(Aster novae-angliae)* 'Rubinschatz', 'Violetta'
- Wasserdost *(Eupatorium fistulosum)* 'Augustrubin'
- Chinaschilf *(Miscanthus sinensis)* 'Ferner Osten'
- Arkansas-Scheinaster *(Vernonia arkansana)* 'Mammuth'
- New-York-Scheinaster *(Vernonia noveboracensis)*

Gartenkultur im Havelland

Ein altes Schloss erhält ein neues Leben

Als das Ehepaar Sabine und Hans-Jürgen Thiedig das Schloss Kleßen 1993 erwarb, war das Herrenhaus von 1723 verlassen und dem Verfall preisgegeben. Seit dem 14. Jahrhundert war es im Besitz der alten brandenburgischen Familie von Bredow. Ab 1723 bis 1730 wurde das dreiflügelige Barockschloss anstelle der Vorgängerbauten von dem Kammerherrn Gebhard Ludwig Friedrich von Bredow errichtet. Um 1881 erfolgten bauliche Veränderungen und bis 1932 blieb das Schloss im Besitz der Familie von Bredow. Bis zur Enteignung nach dem Zweiten Weltkrieg wechselten zweimal die Eigentümer. Danach nutzte man das Gebäude als Konsumverkaufsstelle, Kindergarten, Dorfkino und zuletzt bis 1981 als Altenheim. Während dieser Zeit wurden kaum Maßnahmen zur Erhaltung der Gebäudesubstanz durchgeführt. Der damalige Bürgermeister stellte der Bevölkerung das stark in Mitleidenschaft gezogene Gebäude sogar zum Ausschlachten zur Verfügung. 1993 fehlten Türen und Fenster, die Stuckverzierungen waren nur noch Fragmente und die Dächer schadhaft bzw. teilweise auch eingestürzt. Ab 1999 erfolgte eine umfassende denkmalgerechte Sanierung und Rekonstruktion des Hauses. Zur gärtnerischen Gestaltung des Schlossumfeldes und des zwei Hektar großen Schlossgartens wurden die Landschaftsarchitekten Dipl.-Ing. Günter Mader und Dipl.-Ing. (FH) Elke Zimmermann engagiert.

Kulturelles Zentrum auf dem Lande

Das Ehepaar Thiedig hatte nicht vor, das Schloss Kleßen als Wohnsitz zu nutzen, sie wollten dort ein ländlich-kulturelles Zentrum errichten. Als erfolgreiche Unternehmer in Westberlin fühlten sie sich verpflichtet, einen Beitrag zum Aufbau der wirtschaftlich und kulturell ausgebluteten Gebiete der ehemaligen DDR zu leisten. Die Familien des Ehepaares Thiedig stammten aus Ostpreußen und wie häufig in den ostdeutschen Gebieten waren Schlösser nicht nur Wohnsitze des Adels, sondern auch kulturelle Mittelpunkte im ländlichen Raum. So lag es den beiden am Herzen, das verfallene Schloss zu restaurieren und wieder mit Leben zu füllen. Noch auf der Baustelle fand das erste Konzert mit jungen Musikern statt. Heute kann das Schloss für Feste aller Art, insbesondere Fami-

„Der Ort wurde als ländlich-kulturelles Zentrum geplant und verwirklicht."

LINKS
Ein einladender Sitzplatz auf dem Rasenparterre vor der Südfront des Schlosses.

OBEN UND UNTEN
Dank des vielfältigen Blumenangebots des großen Gutsgartens können großzügige Sträuße für die Innenräume des Schlosses zusammengestellt werden. Zur Zeit der Pfingstrosenblüte entstehen besonders prachtvolle Blumenstilleben.

lienfeste oder Tagungen, gemietet werden. Die ehemaligen Wirtschaftsgebäude und das „Pfauenhaus" wurden außerdem teilweise zu Ferienwohnungen umgebaut. Das ausgeprägte gärtnerische Interesse von Frau Thiedig, einer ausgebildeten Apothekerin, ist auch der Hintergrund für verschiedene Veranstaltungen zur Gartenkultur.

„Auch um Neues zu schaffen ist mir das Motto von Karl Förster: ‚Es wird durchgeblüht!' stets ein Ansporn."

Beratung durch Fachleute

Die Planung und die Bauleitung bei der Durchführung der Arbeiten im Schlossgarten durch Günter Mader und Elke Zimmermann erfolgten in enger Zusammenarbeit mit dem Ehepaar Thiedig. So hatte das Duo Mader/Zimmermann nach dem ersten Kontakt ein Modell als Grundlage für die Konzeption der Anlage entwickelt, welches Ausgangspunkt für weitere Überlegungen war. Eine intensive Phase folgte, als beide Berater für drei Wochen ein provisorisches Quartier im noch nicht fertiggestellten Schlosskomplex bezogen, um die Zeichnungen und Modelle für den Schlossgarten weiterzuentwickeln. Auch bei den praktischen Arbeiten der Bepflanzung war dieser intensive Abstimmungsprozess die perfekte Grundlage dafür, dass die Anlage, auch nach Abschluss der Arbeiten durch die Gartenarchitekten, von den Eigentümern weitergeführt werden konnte.

Eine Urlaubsüberraschung

Wir entdeckten Kleßen durch einen Zufall bei einem Sommerurlaub im Havelland. Das Pfauenhaus im Schlosspark war für zwei Wochen unser Feriendomizil. Für die Auswahl der Ferienwohnung war unser literarisches Interesse an Theodor Fontane und seinen „Wanderungen durch die Mark Brandenburg" ausschlaggebend. Wir wollten uns von einem intensiven Gartenhalbjahr mit vielen Besuchern erholen und uns geschichtlichen Themen widmen. Rheinsberg und Neuruppin waren in erreichbarer Nähe und so kamen Geschichtsbücher und Fontanes Band „Das Ländchen Friesack und die Bredows" ins Gepäck – aber kein Gartenbuch.

Das Pfauenhaus, im äußersten Zipfel des Schlossparks gelegen, war geschmackvoll und zweckmäßig eingerichtet, das Dörfchen klein und unspektakulär, genau wie wir es uns gewünscht hatten. Alles schien ein bisschen verloren in der Zeit, vieles noch von der DDR geprägt. Es gab eine traumhafte Landschaft mit Alleen, versteckten Seen, Wiesen und Wäldern. Die Augusttage waren mit 30 °C und mehr von mediterraner Hitze geprägt. Die Morgenstimmung aber war frisch und direkt nach dem Frühstück bot sich ein Gang durch den Schlosspark an. Erstaunen machte sich breit, als wir durch große, von Buchenhecken eingefasste Gartenräume gingen, in denen ein hochsommerliches Gemisch von Dahlien, Kosmeen und verspäteten Rosen blühte. Die Luft war erfüllt vom Summen der Bienen und Hummeln, unterlegt vom tiefen Brummen einzelner Hornissen. Zahlreiche Schmetterlinge schaukelten durch die Luft und ein leichter Duft schwebte über allem. Wir fühlten uns in vergangene Zeiten versetzt und die Erinnerung an das Buch „Elisabeth und ihr Garten" von Elisabeth von Arnim wurde geweckt. Vor vielen Jahren hatten wir das Buch gelesen und die dort beschriebene Atmosphäre eines pommerschen Gutsgartens kam uns nun wieder ins Gedächtnis. Allein der Gang durch die drei Gartenräume weckte unser gärtnerisches Interesse und wir entdeckten in den darauffolgenden Tagen einen großartigen Garten.

Rustikale Gartenpartie im Wirtschaftsbereich

Schloss Kleßen ist eine dreiflügelige Anlage: Das Haupthaus wird nach Norden hin rechts und links von zwei vorspringenden Seitenflügeln eingerahmt, die den Ehrenhof mit der Auffahrt umschließen. Gegenüber der Achse der Seitenflügel befinden sich die großen, langgestreckten Wirtschaftsgebäude, in denen heute unter anderem komfortable Ferienwohnungen eingerichtet sind. Mit seinen gelb verputzten Wänden hebt sich das Schloss von den Wirtschaftsgebäuden ab, die aus rostroten, unverputzten Backsteinen bestehen. Mitten im Hof steht zwischen den Wirtschaftsgebäuden ein Wasserturm im neugotischen Stil und zieht die Blicke auf sich. Die gesamte Gartenanlage ist auf die bauliche Situation abgestimmt und beginnt mit einer Wildwiese auf dem ehemaligen Wirtschaftshof. Rechts und links vor den Gebäu-

OBEN LINKS
Der Wasserturm ist der Mittelpunkt der Wildwiese.

OBEN RECHTS
Schmetterlinge finden auf der Wildwiese ein reichhaltiges Nahrungsangebot.

UNTEN LINKS
Auch die Lavendelblüten finden zahlreiche Liebhaber.

UNTEN RECHTS
Im Frühling leuchten Tulpen und Narzissen auf dem Hof.

den begrenzt jeweils eine Reihe Zieräpfel *(Malus)* der Sorte 'Evereste' den Innenraum. Die Wiesenfläche kann als eine elegante Variation einer Wildwiese charakterisiert werden, denn im April blühen hier zahlreiche Tulpen. Der Weg durch die Wildwiese zum Wasserturm wird zu beiden Seiten von Lavendel eingefasst und verstärkt diesen Eindruck. Unter den *Empfehlungen* werden die hier angesiedelten Pflanzkombinationen im Einzelnen aufgelistet.

Klassischer Schlosspark im Zentrum

Mit dieser rustikalen Gartenpartie im Rücken fällt der Blick durch die geöffneten Flügeltüren des Schlossportals und durch die Eingangshalle sowie die großen Fenster des anschließenden Gartensaals auf die große Gartenanlage vor der Südfront des Schlosses. Sie ist geprägt von einer sehenswerten Mischung aus klassischen Parkelementen mit den sich anschließenden Gartenräumen. Eine große Rasenfläche mit einem runden Wasserbecken in der Mitte bildet dabei das Zentrum. Vorhandene typische Parkbäume wie Linden *(Tilia)* und Ahorn *(Acer)* wurden durch den Tulpenbaum *(Liriodendron)*, die Sumpfeiche *(Quercus palustris)* und die Farnblättrige Rot-Buche *(Fagus sylvatica)* 'Asplenifolia' ergänzt. Zusammen umrahmen sie das Rasenparterre. Die Strenge dieser klassischen Anordnung wird durch vier Rankgerüste durchbrochen, die das runde Wasserbecken mit Fontäne einrahmen. Der Standort des Wasserbeckens war

LINKS
Der Blick vom Eingangsportal des Schlosses fällt auf das Rondell im Mittelpunkt der Auffahrt. Im Hintergrund führt der von Lavendel gesäumte Weg durch die Wildwiese zum Wasserturm.

UNTEN
Vor der Terrasse auf der Südseite des Schlosses erstreckt sich ein Rasenparterre mit einem Wasserbecken und Rankgerüsten als Mittelpunkt.

„Garten bedeutet für mich Harmonie, Überraschung, Ruhe und als sinnliche Note der Duft der Jahreszeiten."

nur aus Dokumenten bekannt, nichts war mehr erhalten. Daher wurde im Zuge der Gartengestaltung nach historischen Vorbildern an dieser Stelle erneut ein Becken aus Sandstein errichtet. Die vier Rankgerüste sind neu für diese Situation geschaffen worden. Mit verschiedenen, aus Holzlatten angefertigten Modellen wurden unterschiedliche Möglichkeiten ausprobiert, bis sich eine passende Form ergab: Von einer quadratischen Grundfläche laufen die Seitenstreben pyramidenartig auf die durch eine vergoldete Kugel betonte Spitze zu. Die aus durchbrochenem Eisengitter angefertigten Pyramiden werden von den Rosensorten 'Climbing Souvenir de la Malmaison', 'New Dawn', 'Kir Royal' und 'Penny Lane' berankt. Zudem lockern die rechts und links der Freitreppe angelegten Rosenbeete das Bild auf.

Moderne Interpretation barocker Boskette

In Anlehnung an barocke Boskette begrenzen drei Heckenräume den Garten zur westlichen Seite. Die Hecken bestehen aus Rotbuche und eine mittlere Sichtachse verbindet die drei Gartenräume. Der mittlere ist rechteckig, die beiden flankierenden Gartenräume haben einen quadratischen Grundriss. Rechtwinklige, mit Pflasterklinkern befestigte Wege gliedern die jeweiligen Flächen. Jeder Raum überzeugt mit einem thematischen Schwerpunkt: Naschgarten, Rosengarten und Schnittblumen. Durch die Abgrenzung mit 2 Meter hohen Hecken entsteht eine intime Atmosphäre, in der Farben und Duft intensiver wirken. Die Hecken filtern außerdem die Geräusche der Alltagswelt, sodass das Summen der Bienen und Hummeln stärker zu hören ist. Damit unterscheidet sich dieser Bereich von den anderen, offen ineinander übergehenden Teilen des Gutsgartens. Der beschauliche Charakter der Boskette wird zusätzlich durch eine Bank betont, die von zwei weidenblättrigen Birnen *(Pyrus salicifolia)* eingerahmt ist. So sind Rückzugsräume entstanden, in denen die gestaltete Natur intensiv erlebt werden kann.

OBEN
Wie gemalt: Ein Portrait der halbgefüllten Kletterrose 'Kir Royal'.

UNTEN
Der Übergang vom Hauptgebäude zur seitlich gelegenen Orangerie ist durch stufig geschnittene Eibenhecken gestaltet.

Südliches Flair vor der Orangerie

Östlich des Schlossgebäudes befindet sich die Orangerie, vor der ein bezaubernder Rosengarten

OBEN
Zur Zeit der Rosenblüte hat der Orangeriegarten seinen Höhepunkt. Allium und Lavendel ergänzen die Rosen. Eine Pergola bildet den Abschluss dieses Gartenteils.

UNTEN
Frühlingsblüte im Heckengarten: unter den beiden Weidenblättrigen Birnen *(Pyrus salicifolia)* 'Pendula' sorgt ein Gemisch aus Tulpen und Narzissen für einen üppigen Blütenflor.

OBEN LINKS
Obelisken mit literarischen Zitaten schaffen eine poetische Atmosphäre.

OBEN RECHTS
Ein Gang aus Silberlinden bildet den Abschluss des Gutsgartens.

UNTEN LINKS
Unter der Kirschblüte wirken die Narzissen besonders elegant.

UNTEN RECHTS
Die Buchshecke ist wolkig geschnitten worden.

mit mediterranem Charakter entstanden ist. Lavendel, Rosen und Zitrusbäume in Kübeln bestimmen die Atmosphäre. Quadratische Buchselemente geben der fröhlichen Üppigkeit eine Struktur und sorgen zudem für ein schönes Winterbild. Die Spannung zwischen strenger Form und lockerer Bepflanzung zieht sich durch den ganzen Garten. Hier dürfen sich auch Riesenlauch *(Allium giganteum)* 'Globemaster', Purpur-Kugellauch *(Allium aflatunense)* 'Purple Sensation' sowie die essbare Prärielilie *(Camassia quamash)* versamen. Eine Pergola an der Ostseite grenzt diesen Teil des Gartens von den anderen Gartenräumen ab. Die verwendeten gelblichen alten Pflasterklinker auf der großen Terrasse vor der Pergola verstärken die mediterrane Stimmung.

„Unter den Linden"

Nach Osten schließt ein weiterer Gartenteil das Schlossareal ab. Eine quadratische Rasenfläche ist zu drei Seiten von Silberlinden *(Tilia tomentosa)* umrahmt, zur Gartenseite hin aber offen, so dass eine Verbindung zum Garten entsteht. Um ihre Funktion als Sichtschutz zu verstärken, wurden die Silberlinden teilweise als zweireihige Allee angelegt. Zur Rasenseite hin erstrecken sich Rabatten, die mit Pfingstrosen *(Paeonia)* und Herbstastern *(Aster)* bepflanzt sind. Im Frühling sind es Zwiebelgewächse wie *Allium* 'Purple Sensation' und Tulpen in Weiß bis Rosa, die diesem Gartenraum Farbe verleihen. Da das Gelände hier leicht ansteigt, liegt der „Lindengang" erhöht. Durch eine Trockenmauer wird der Höhenunterschied zur Gartenseite abgefangen. Hier ist der ideale Platz für eine Iriskante in voller Sonne.

Neues Leben im alten Obstgarten

Etwas abgegrenzt befindet sich dagegen der letzte Gartenraum, der Obstgarten. Einige Bäume des alten Bestandes konnten erhalten werden und ihr knorriger Wuchs trägt zur besonderen Atmosphäre bei. Für Neuanpflanzungen wurden historische Obstsorten gewählt, die typisch für die Region sind. Sie füllen die Lücken, die die nicht erhaltungsfähigen Bäume hinterlassen haben. Zwei Obelisken im Stil des späten 18. Jahrhunderts bilden einen Blickfang. Sie tragen Tafeln mit Zitaten, die sich auf den Prinzen Heinrich, den Bruder Friedrichs II., beziehen. Wenn im Frühjahr unter den blühenden Obstbäumen zahlreiche Narzissen, vor allem Dichternarzissen *(Narcissus poeticus)* 'Actaea' und Echte Schlüsselblumen *(Primula veris)*, das Bild abrunden, ist eine für den ganzen Garten charakteristische poetische Stimmung zu spüren. Frau Thiedig spricht deshalb auch von einem Gutsgarten und drückt damit aus, dass nicht das Repräsentieren, sondern das Leben in und mit einem Garten im Vordergrund steht.

„Ein Garten ist niemals fertig."

Kreative Heckengestaltung

Von der Freude an einer fortlaufenden Gestaltung zeugt auch eine Buchshecke, die den Obstgarten zum Rasenparterre abgrenzt. Die berühmte wellenförmig geschnittene Eibenhecke vom „Montacute House" in Somerset ist das Vorbild für die 1,50 Meter hohe und ca. 70 m lange Hecke. Zusammen mit Gärtnern wurden verschiedene bewegte Schnittformen entwickelt. Beim Schneiden mussten immer wieder kreative Pausen eingelegt werden, um eine Wiederholung der Formen zu verhindern. In kleinen Schritten entwickelte sich so aus einer klassischen Hecke eine „gärtnerische Skulptur".

So unterschiedlich die Charaktere der vielen Gartenräume sind, sie stehen alle in einem Zusammenhang. Grundlage war eine professionelle Planung, die in enger Zusammenarbeit mit den Eigentümern erfolgte. Es entspricht dem Interesse von Sabine Thiedig, dass sie bei den Pflanzarbeiten nicht nur anwesend war, sondern sich auch aktiv beteiligt hat. So war auch gewährleistet, dass der Garten immer weiter entwickelt wird, denn das stellt Sabine Thiedig fest: „Ein Garten ist niemals fertig!"

So hat sich bestätigt, was wir damals in unseren sommerlichen Ferientagen gespürt haben: Der Garten von Schloss Kleßen dient nicht der Repräsentation, er ist lebendig und wird durch Konzerte, literarische Veranstaltungen, Hochzeiten oder andere Feste ständig mit neuem Leben gefüllt. Dank privatem Mäzenatentum wurde hier ein ländliches Zentrum geschaffen, welches die in den 40 DDR-Jahren kulturell ausgeblutete Provinz wieder zum Leben erweckt.

OBEN
Durch gute Düngung und Pflege entstand auf dem märkischem Sandboden eine solche Rosenpracht im Heckengarten.

RECHTS
Beeindruckend: In einem alten Apfelbaum rankt die Kletterrose 'Constance Spry'.

EMPFEHLUNGEN

Kräftige und gesunde Rosen

Besonders die gesunden Rosen waren uns im gesamten Garten aufgefallen. Dabei ist der berühmt-berüchtigte „märkische Sand" eigentlich kein geeigneter Boden für Rosen. Die Erklärung für das gesunde Wachstum liegt in einer radikalen Problemlösung. Der Boden für alle Rosenbeete wurde 40 cm tief ausgekoffert und durch mit Humus angereicherte Erde ersetzt. Zusätzlich erhielten die Rosenwurzeln vor dem Pflanzen ein Bad in einer „Lehmpampe", so dass sie mit einer Lehmschicht überzogen waren. Der verbliebene Lehmrest wurde dann beim Pflanzen hinzugefügt. Solche Starthilfen sind der entscheidende Faktor für das erstaunlich gute Wachstum der Rosen auf dem „märkischen Sand." Außerdem werden Wachstum und Knospenansatz durch mehrere Düngergaben gefördert: Im Frühjahr erhalten die Rosen einen biologischen Langzeitdünger, nach der ersten Blüte folgt eine Mischung aus Kompost und Urgesteinsmehl. Im August wird Patentkali (ein Kalium-Spezialdünger mit hohem Gehalt an Magnesium) ausgebracht, während die Rosen für den Winterschutz im späten Herbst mit abgelagertem Kuhmist abgedeckt werden.

LINKS
Auf der Wildwiese blühen im Frühsommer überwiegend Margeriten und Wiesensalbei.

OBEN
Die Wildwiese wird an beiden Seiten von einer Reihe Zieräpfel der Sorte 'Evereste' eingerahmt.

Wildwiese

Auf der Wiese zwischen den beiden Wirtschaftsgebäuden sind folgende Wildpflanzen angesiedelt: Wiesensalbei *(Salvia pratensis)* (durch Versamung ist eine Farbmischung von Blau, Lila und Rosa entstanden), Magerwiesen-Margerite *(Leucanthemum vulgare)*, Gewöhnliche Schafgarbe *(Achillea millefolium)*, Gewöhnliches Leimkraut *(Silene vulgaris)*, Rote Lichtnelke *(Silene dioica)*, Kuckucks-Lichtnelke *(Lychnis flos-cuculi)*.

Ferner wurden einige *Allium* 'Purple Sensation' und späte Tulpen angepflanzt. Dabei dominiert die schwarze Tulpe 'Queen of Night', die mit roten und gelben Sorten kombiniert wurde. Die Lavendelkanten werden von Sternkugellauch *(Allium christophii)* begleitet. Nach dem Rasenschnitt im Juli kommt es zu einer erneuten Blüte von Wiesensalbei und dem gewöhnlichen Leimkraut. Ein letzter Schnitt erfolgt im Herbst.

VON

KASSE
EINGANG

Gartenleben am Niederrhein

Junger Garten in alter Landschaft

Jutta und Michael Bongers besitzen einen jungen, in der Gestaltung noch nicht abgeschlossenen Garten in Uedemerbruch im Kreis Kleve. Gerade das macht diesen Garten so interessant, zumal die zahlreichen Ideen, die von den beiden schon realisiert wurden, einen Standard zeigen, der sich in Zukunft noch steigern wird. Ältere Gärten sind zwar niemals fertig und Details müssen immer wieder weiterentwickelt werden, doch das Gesamtbild und damit auch der spezifische Charakter eines alten Gartens stehen schon lange fest. Bei einem ausgereiften Garten ist es dann die Kunst, ihn lebendig zu halten und eine Erstarrung zu verhindern. Alte Bäume und Gehölze sind zu Schönheiten herangewachsen, schränken aber die Flexibilität bei der fortlaufenden Gestaltung immer etwas ein. Bei einem jungen Garten ist das grundlegend anders, hier ist noch wenig festgelegt. Und wenn das bereits sichtbare Niveau eine so hohe Qualität hat wie der Garten des Ehepaars Bongers, ist es spannend, den Besitzern über die Schulter zu schauen und die Entwicklung zu beobachten.

OBEN
Sorgfältig geschnittene Buchskugeln begleiten den Weg vom Schattengarten in die besonnten Gartenräume.

RECHTS
Hinter dem Scheunentor, an der Rückfront des ehemaligen Bauernhauses, befindet sich heute ein kleiner Hofladen für Gartenaccessoires und hochwertige Pflanzen.

Dabei stand der Garten nicht im Fokus des Ehepaares, als sie das 3600 Quadratmeter große Grundstück mit einem renovierungsbedürftigen Haus 2006 kauften. Die freie Lage, eingebettet in einen von der vorletzten Eiszeit geprägten Teil der niederrheinischen Landschaft, war der Grund für den Erwerb des Anwesens. Vom Hauseingang aus blickt man auf die bewaldeten Höhenzüge der Endmoräne, die sich bis Xanten erstreckt. Davor liegt eine sanft gewellte, weiträumige Landschaft, die beim Abtauen des bis zu 130 Meter starken

OBEN
Nach der Renovierung des Hauses wurde die Gartengestaltung in Angriff genommen. Dafür musste zunächst der vorhandene Bewuchs aus Fichten und Buschwerk komplett entfernt werden.

UNTEN
In Anlehnung an alte Bauerngärten ist der Vorgarten zu einem großzügigen Eingangsbereich gestaltet worden.

Eises entstanden ist. Später hat das weitverzweigte Urstromtal des Rheines die Landschaft überformt und Rinnen und Sumpfgebiete geschaffen, die von der Rückseite des Hauses aus zu sehen sind. Daher leitet sich auch der Name des Ortes Uedemerbruch vom niederrheinischen Wort „Bruch" oder „Broich" ab, mit dem Sumpfgebiete bezeichnet wurden. Das Landschaftsbild der Umgebung wird heute von alten Bauernhöfen, großen Ackerflächen und Wald bestimmt.

Raus aufs Land

2006 war dem Ehepaar Bongers das Leben in der Stadt zu eng geworden und sie suchten ein großes Grundstück auf dem Lande. Das zum Verkauf stehende Gehöft mit dem weiten Blick in die Landschaft war ideal; nur die beiden Söhne im Alter von 18 und 16 Jahren teilten die Begeisterung zunächst nicht. Neben der ländlichen Lage erfüllte das Grundstück eine zweite Anforderung: Es war frei von Giersch. Michael Bongers und seine Frau machen heute noch überzeugend deutlich, dass sie niemals ein Grundstück gekauft hätten, auf dem Giersch sein Unwesen treibt. Dabei hatten die beiden zu diesem Zeitpunkt nur entfernt an eine Gartenanlage gedacht. Denn zunächst stand die Grundsanierung des Wohnhauses an, die fast zwei Jahre in Anspruch nahm. Das Haus ist eine Variation des typisch niederrheinischen T-förmigen Hauses. Im Baujahr 1927 hat der Architekt die traditionelle Bauform so variiert, dass das Querhaus mit den Wohnräumen fast quadratisch vor dem schmalen langgestreckten Hinterhaus steht, in dem früher die Tiere untergebracht waren. Durch die geschwungene Dachwölbung, das sogenannte Mansarddach, wirkt der vordere Hausteil wie ein Pavillon. Die äußere Form, ebenso wie die Fenstergliederung, wurden durch die Sanierung nicht verändert. Nach Abschluss der Renovierungsarbeiten

Die aparte Waldrebe *(Clematis)* 'Lucky Charme' rankt durch den Staketenzaun.

legten sie zunächst die Einfahrt an. Sämtliche Pflasterungen sowie die Wegeführung rund ums Haus und eine große Terrasse an der südlichen Längsseite des Hauses folgten. Danach widmete sich das Ehepaar Bongers dem Grundstück. Seitlich des Hauses befand sich eine Obstwiese mit überalterten Bäumen. Hinter dem Haus, auf einer großen Grünfläche, grasten Schafe. Etwas Grundlegendes hatte das Ehepaar jedoch bereits im Jahr des Hauskaufes vorgenommen: Sie pflanzten eine 3 Meter hohe Blutbuche *(Fagus sylvatica f. purpurea)* als Hausbaum. Ein Jahrzehnt später wächst sie auch sichtbar in diese Rolle hinein, mittlerweile ist sie ca. 7,50 Meter hoch. Sie hat aber noch einiges an Wachstum vor sich, wenn man bedenkt, dass Blutbuchen 25 bis 40 Meter hoch werden können.

Anfänge der Gartenanlage

Auf der Fläche zwischen Straße und Haus sollte ein kreuzförmiger Garten entstehen, dessen Beete mit Buchshecken eingefasst sind. Das Ehepaar Bongers beauftragte ein Fachbüro mit der Planung, doch das Ergebnis war nicht zufriedenstellend. Daher besann sich Michael Bongers auf seine Ausbildung als Gärtner. Er hatte diesen Beruf nach dem Abitur erlernt und wurde später noch zum Gartenbautechniker ausgebildet. Sein Berufsweg führte ihn aber aus der Praxis ins Büro, seit einigen Jahren ist er Geschäftsführer einer internationalen Firma für Blumenvermarktung. Auch Jutta Bongers hat ihrem erlernten Beruf als Steuerfachkraft den Rücken gekehrt und betreibt seit 2012 einen Hofladen in der ehemaligen Stallung. Dort bietet sie Gartendekoration, Geschenke und hochwertige Gartenpflanzen zum Verkauf an. Da sie ihre Kindheit in einem großen Selbstversorgergarten verbracht hat, erinnerte sie sich mit Begeisterung an die dort erworbenen Kenntnisse.

Nach dem unbefriedigenden Anfang unternahmen sie die weiteren Schritte in eigener Regie und

UNTEN
Der Gemüsegarten ist durch einen Staketenzaun und Hecken von der Gartenanlage abgetrennt, gehört aber zum Leben auf dem Lande dazu.

RECHTS
Die 2006 gepflanzte Blutbuche ist inzwischen fast 8 Meter hoch und wächst zu einem mächtigen „Hausbaum“ heran.

entdeckten schnell, wie spannend die Gestaltung eines Gartens ist. Sie gingen behutsam vor und wandelten zunächst die ehemalige Obstwiese in einen Schattengarten um, in dem Grüntöne in allen Nuancen dominieren. Nur sechs Obstbäume, ein Ahorn und ein Nussbaum waren noch gesund und erhaltenswert. Diese alten Obstbäume sind für das Gesamtbild wichtig, da sie zwischen dem fast 100-jährigen Haus und dem neu entstandenen Garten eine Verbindung herstellen. In einem leicht erhöhten Beet kommen die unterschiedlichen Blattstrukturen und -farben der verschiedenen Purpurglöckchen *(Heuchera)* 'Obsidian', 'Ginger Ale', 'Stoplight', 'Electra', 'Lime Marmalade', 'Sweet Tea', 'Amber Lady' wunderbar zur Geltung. Ein anderes Beet ist Farnen, Schaumblüten *(Tiarella)* und Funkien *(Hosta)* vorbehalten. Der zunächst gepflanzte Straußenfarn *(Matteuccia struthiopteris)* wurde wegen seiner Rhizombildung durch horstige und wintergrüne Farne wie Sumpffarn *(Thelypteris decursive-pinnata)*, Glanz-Schildfarn *(Polystichum aculeatum)* oder Krausen Goldschuppenfarn *(Dryopteris affinis)* 'Crispa' ersetzt. Außerdem bestimmen streng geschnittene und zu Gruppen angeordnete Buchskugeln den Charakter des „grünen Gartens".

„Einen Garten mit den eigenen Händen schaffen zu dürfen und wachsen zu sehen ist Arbeit, Erfüllung und Geschenk!"

Schrittweise Gestaltung

Um sich nicht zu viel auf einmal zuzumuten, zog das Ehepaar Bongers einen Staketenzaun quer über das Grundstück und gestaltete zunächst die vorderen Bereiche in der Nähe des Hauses. Dort legten sie bis 2010 mehrere Staudenrabatten mit Rosen und Ziergehölzen an. Auch ein kleines Gemüsegärtchen entstand in dieser Zeit. Um die unterschiedlichen Gartenteile anzuordnen, musste die gegebene Geländeform berücksichtigt werden. Dabei war es von Vorteil, dass das Grundstück vom Straßenniveau bis zum hinteren

Der Schlitz-Ahorn 'Dissectum Garnet' ist eine Rarität: Er war schon etwa 30 Jahre alt, als er 1990 in der Toskana gekauft wurde.

OBEN LINKS
Lupinen wachsen im Lehmboden besonders gut.

OBEN RECHTS
Märchenhaft: Am Rosenbogen rankt die Rose 'Climbing Schneewittchen'.

UNTEN LINKS
Unter dem alten Apfelbaum wachsen Farne und Funkien.

UNTEN RECHTS
Purpurglöckchen überzeugen mit verschiedenen Blattfarben.

OBEN
Durch eine Allee von Zieräpfeln der Sorte 'Evereste' öffnet sich der hintere Gartenbereich in die Landschaft. Ein Höhepunkt ist die Baumblüte im Frühling.

UNTEN
Im Frühsommer sind die Bäume voll belaubt und das Gras auf den Rasenbeeten steht in Blüte. Im Mittelpunkt der Sichtachse wächst ein Chinesischer Blumen-Hartriegel 'Milky Way'.

Im Herbst ziert ein reicher Fruchtbehang die Baumallee.

Bereich ein leichtes Gefälle von etwa 1,10 Meter aufwies. So konnte die vorhandene Böschung hinter dem Haus terrassiert werden und es entstand eine weitere Terrasse. Von hier ergibt sich nicht nur ein reizvoller Blick auf die Rabatte unterhalb der Stützmauer, sondern auch über den Garten hinweg in die Weite der Landschaft. Um außerdem noch eine kleine Sumpfzone mit entsprechender Bepflanzung zu schaffen, wurde auch die Regenwasserversickerung in die Gartengestaltung einbezogen.

Nachdem die unmittelbar um das Haus liegenden Bereiche gestaltet waren, begann das Ehepaar 2014 das restliche Grundstück, das immerhin noch rund ein Drittel der Gesamtfläche ausmachte, miteinzubeziehen. Das Zentrum sollte eine Allee mit zehn Zierapfelbäumen *(Malus)* bilden. Da der Boden in diesem Gartenteil lehmig ist und auch große Anteile von Feldspat enthält, kauften sie schon etwas größere Bäume der Sorte 'Evereste'. Den kräftigeren und vitaleren Bäumen sollte das Anwachsen besser gelingen. Drei Jahre später zeigt sich, dass diese Überlegung richtig war: Die kleine Allee bestimmt schon das Bild des neuesten Gartenteils. An der Grundstücksgrenze wurde gleichzeitig ein Gehölzrand gepflanzt, in dem mehrere Chinesische Blumen-Hartriegel *(Cornus kousa)* eine tragende Rolle spielen. Sie überzeugen nicht nur mit ihrer Wuchsform, sondern auch mit ihrer Blüte, später mit dem Fruchtansatz und zuletzt mit der Herbstfärbung. Ein Taschentuchbaum *(Davidia involucrata)* steht noch unter besonderer Beobachtung, da sein dauerhaftes Wachstum in dem schweren Boden über Jahre noch fraglich ist. Bisher fühlt er sich an seinem Standort nicht so wohl wie die anderen Gehölze. Durch die Neukonzeption war es außerdem nötig geworden, einige hochwachsende Sträucher aus den Staudenrabatten ans Ende des Grundstücks umzupflanzen. Sie hätten sich sonst zu einer Sichtsperre entwickelt. Schließlich soll der Garten hinter dem Haus als Einheit wahrgenommen werden, aus dem sich die Zierapfelallee hervorhebt.

Frühlingsteppiche

Als neuestes Element wurden auf der Rasenfläche neben der Allee acht rechteckige Felder (vier Felder à 5,50 x 2 Meter und vier weitere à 7 x 2 Meter) mit kleinwüchsigen Zwiebelblumen wie Schneeglöckchen, Krokussen oder Frühlingssternen bepflanzt, deren Blütezeit bereits im Februar beginnt. Anregung dazu war der Besuch in einem niederländischen Garten. Zur Auswahl des Zwiebelsortiments wendete sich das Ehepaar an die Niederländerin Jacqueline van der Kloet. Die renommierte Landschaftsarchitektin hat sich mit ihren malerischen Blumenzwiebel-Pflanzungen weltweit einen Namen gemacht. Nach ihrer Beratung wurde im Herbst 2015 eine Mischung gepflanzt, die unter den *Empfehlungen* aufgelistet ist. Bereits im Vorfrühling 2016 boten die mehr als 6000 Zwiebelblumen in der Rasenfläche ein reizvolles Bild. Dadurch, dass die verschiedenen Sorten nicht massiv in Gruppen gepflanzt sind, sondern über den Rasen „gestreut" wurden, entsteht ein lockeres Gesamtbild. Das Gras auf diesen „Beeten" kann erst nach Einzug des Laubes Mitte bis Ende Juni gemäht werden. Es bleibt abzuwarten, wie die einzelnen Arten und Sorten sich entwickeln und welche Chancen ihnen die Wühlmäuse geben.

Schneeglanz mit großen rosa Blüten *(Chionodoxa forbesii)* 'Pink Giant'.

Inzwischen wurde auch der Kreuzgarten vor dem Haus neu gestaltet. Die Grundform blieb bestehen, doch die Wege sind nun breiter angelegt und mit schmalen Klinkersteinen befestigt. Die Mitte wird von einem großzügigen gepflasterten Rondell bestimmt. Die vier Beete sind mit Japanischer Stechpalme *(Ilex crenata)* 'Dark Green' eingefasst, da eine Neubepflanzung mit Buchs im Hinblick auf Buchskrankheiten und einen möglichen Zünsler-Befall nicht sinnvoll erschien. Der Raum vor dem Haus ist so zu einem großzügigen Entree zu den weiteren Gartenräumen geworden.

Zukunftspläne

Befragt man das Ehepaar Bongers, ob ihre Gartenplanung abgeschlossen sei, verneint es dies einstimmig. Als großer Wunsch steht noch ein Präriegarten im Raum, der mit einer üppigen Mischung an Gräsern und passenden Stauden seinen Blühschwerpunkt im Herbst haben soll. Zunächst aber geht es an eine grundlegende Umgestaltung der Staudenrabatte. Ursprünglich bildete sie den Abschluss des zweiten Gartenteils. Durch die später vollzogene Erweiterung ist Jutta Bongers nun unzufrieden mit der bisherigen Anordnung der Höhenstufen bei den Stauden, so dass eine Neuordnung bereits in Planung ist. Die Entwicklung des Gartens wird von beiden mit gleicher Intensität vorangetrieben und zeigt, wie sehr die Kreativität der Gartengestaltung zu einem Teil ihres Lebens geworden ist. Wie überall, wo fortlaufend Kreativität gefordert ist, spürt man beim Ehepaar Bongers eine Lebendigkeit und Neugierde auf neue und andere Gestaltungsmöglichkeiten, die ihnen ihr Garten eröffnet.

OBEN LINKS
Acht Rasenbeete beleben die gepflegte Grasfläche.

OBEN RECHTS
Zur Blüte der Zwiebelblumen haben sie ihren Höhepunkt.

UNTEN LINKS
Aus der Distanz sind die Beete ein besonderer Blickfang.

UNTEN RECHTS
Kurz vor dem Mähen sind die Rasenbeete noch immer ein schöner Anblick.

EMPFEHLUNGEN

Zwiebelblumen

Die Zwiebelblumenbeete im Rasen blühen dank der klimatischen Bedingungen des Niederrheins ab Mitte Februar. Seit Jahren gibt es in der Region ab Februar kaum nennenswerten Frost, längere Frostperioden mit Tageswerten unter −5 °C sind die Ausnahme. Die Mischung der Blumenzwiebeln ist so ausgewählt, dass die verschiedenen Arten nacheinander rund drei Monate lang blühen.

Zur Anlage der Beete steckten Jutta und Michael Bongers die geplanten Bereiche ab und trugen den vorhandenen Rasen mithilfe eines Minibaggers ab. Die entstandenen Brachflächen wurden danach 30 cm tief gegrubbert. Da der Boden in diesem Gartenteil sehr lehmig ist, frästen sie zudem anschließend eine Schicht von 5 cm Sand ein. Danach pflanzte das Ehepaar jede Zwiebel einzeln. Die Mischung für die Beete kann aus der nachstehenden Auflistung entnommen werden. Zuletzt wurde neuer Rasen eingesät. Dieser kann bis Mitte Dezember ganz normal gemäht werden. Ab dann müssen die Beete ausgespart werden, um die Spitzen der austreibenden Zwiebeln nicht zu köpfen. Erst nach Einziehen des Zwiebelblumenlaubs, Mitte bis Ende Juni, kann auch diese Fläche gemäht werden. Nur drei Wochen später sind die Beete im Rasen nicht mehr zu erkennen.

Die nachstehende Liste zeigt die insgesamt 16 Blumenzwiebelarten. Bei den in Klammern angegebenen Zahlen handelt es sich um die Stückzahl, die pro Quadratmeter benötigt wird:

- Großblütiges Schneeglöckchen *(Galanthus elwesii)* (6)
- Elfen-Krokus *(Crocus tommasinianus)* 'Barr's Purple' (4)
- Kaukasischer Blaustern *(Scilla mischtschenkoana)* (3)
- Kleiner Krokus *(Crocus chrysanthus)* 'Blue Pearl' (4)
- Frühlings-Krokus *(Crocus vernus)* 'Vanguard' (3)
- Frühlings-Krokus *(Crocus vernus)* 'Remembrance' (3)
- Blaustern *(Scilla siberica)* (3)
- Dalmatiner Krokus *(Crocus tommasinianus)* 'Ruby Giant' (3)
- Schneeglanz *(Chionodoxa forbesii)* (5)
- Schneeglanz *(Chionodoxa forbesii)* 'Pink Giant' (3)
- Frühlingsstern *(Ipheion uniflorum)* 'Wisley Blue' (3)
- Frühlingsstern *(Ipheion uniflorum)* 'Tessa' (3)
- Traubenhyazinthe *(Muscari latifolium)* (4)
- Gnomen-Tulpe *(Tulipa turkestanica)* (5)
- Traubenhyazinthe *(Muscari azureum)* (3)
- Felsentulpe *(Tulipa saxatilis)* (4)

LINKS
Die Breitblättrige Traubenhyazinthe *(Muscari latifolium)* fällt durch das breitere Laub und einen zweifarbigen Blütenstand auf.

OBEN
Der Großblumige Krokus 'Pickwick' reckt seine hübschen Blüten der Sonne entgegen.

Von Wales ins Münsterland

Gaupeler Landgarten – ein Teil der Natur

„Als Mensch bin ich Teil der Natur. Nicht hier der Mensch, da die Natur, das ist die falsche Sichtweise, die sich der moderne Mensch im Zuge zunehmender Entfremdung von seinen Wurzeln zu eigen gemacht hat. Nein, der Mensch ist Teil der unendlich komplexen Zusammenhänge, die die Evolution auf der Erde hervorgebracht hat und letztlich auch erst ermöglicht hat. Wenn man sich in diesem Zusammenhang begreift, als Teil der Natur, ist jede Tätigkeit innerhalb und mit der Natur – wie die Gestaltung eines Gartens – ein Stück Selbstverwirklichung." So beschreibt Dr. Matthias Wasserschaff sein Verhältnis zur Natur, während er seinen 2,5 Hektar großen Gaupeler Landgarten betrachtet. Seit 2010 legt er diesen zusammen mit seiner Frau Cristine Bendix in der Nähe von Coesfeld im Münsterland an. Es ist die Sichtweise eines Arztes, der viele Jahre in Köln als Augenchirurg praktiziert hat, aber seit seiner Kindheit einen engen Kontakt zur Natur pflegt. Aufgewachsen in dem elterlichen landwirtschaftlichen Betrieb mit Obstplantagen im Köln-Bonner Raum, machte er zunächst eine Gärtnerlehre im Obstbau. Danach zog es ihn wieder auf die Schulbank, er studierte Medizin und verbrachte sein Berufsleben in der Metropole Köln. Deshalb war er sofort bereit, dem Wunsch seiner Frau zu folgen und im Ruhestand wieder aufs Land zu ziehen.

LINKS
Auf dem großen Gelände findet sich auch ein „Waldgarten", der im Frühling vielen Leberblümchen und Buschwindröschen Platz bietet. Im Sommer lebt er vom Lichtspiel.

OBEN
Das viktorianische Gewächshaus ist eine Reminiszenz an Ferienzeiten in Wales.

Prägung in Wales

Cristine Bendix sieht ihren Wunsch nach dem Landleben und einem Garten in der Kindheit begründet. In ihren ersten bewussten Erinnerungen sieht sie sich im Garten ihrer Großeltern, umgeben von Bäumen, Blumen, Obst, Gemüse und Kleinvieh. Ab ihrem elften Lebensjahr wurde sie außerdem in den Ferien regelmäßig zu ihrem wesentlich älteren Bruder nach Wales geschickt. Dort sollte sie ihre Englischkenntnisse verbessern und lernte bei Einladungen in Herrenhäuser ganz nebenbei die englische Gartenkultur kennen. Die dort gewonnenen Eindrücke haben sie nachhaltig geprägt. „Ich habe später immer gegärtnert und wenn es nur der schattige Innenhof des Hauses war, in dem ich meine Studentenbude hatte“, erklärt sie. Während ihrer Berufstätigkeit als Lehrerin lebte sie ihre Gartenleidenschaft auf dem 750 Quadratmeter großen Grundstück im Süden Kölns aus, das das Ehepaar Bendix/Wasserschaff damals erworben hatte.

Ruhesitz im Münsterland

Aber die Erinnerung an die englische Parklandschaft blieb immer lebendig und der Wunsch, nach dem Berufsleben auf dem Land zu wohnen, konnte in dem westlich von Münster gelegenen Gebiet, in Sichtweite der Baumberge, schließlich erfüllt werden. Sie fanden einen ehemaligen, abseits gelegenen Schulzenhof, umgeben von 7 Hektar Wald, Ackerland und einer Weihnachtsbaumplantage mit wenigen alten Obstbäumen. Zusammen mit einer befreundeten Familie kauften sie diesen idyllischen Ort 2010.

Nur sieben Jahre später ist aus dem ehemaligen Bauernhof ein beeindruckender Lebensraum aus Haus, Garten und Landschaft geworden. Die Gebäude liegen auf einer leichten Anhöhe, die einen Blick auf die Ausläufer der Baumberge ermöglicht. Dieser Blick in die Weite, in ein dünn besiedeltes Land mit viel Wald, großen Ackerflächen und einzelnen Baumgruppen ist ein wesentlicher Bestandteil des täglichen Lebens und wurde daher in die Gartengestaltung miteinbezogen. Der Hof besteht aus einem großen, langgestreckten Gebäude, in dem früher die Stallungen und die Scheune untergebracht waren. Das zweistöckige herrschaftliche Wohnhaus geht nördlich vom Wirtschaftstrakt ab und liegt daher in dessen Schatten. Die Wohnräume waren dem Ehepaar Bendix/Wasserschaff zu dunkel, deshalb haben sie in die große Scheune mit Süd-Ost-Ausrichtung ein neues Wohnhaus gebaut. Dabei legten sie großen Wert darauf, die äußere Form der Scheune komplett zu erhalten. So wurden die beiden Scheunentore zu großen Panorama-Fenstern, die sich durch eine passende Gliederung der Fensterflächen harmonisch in das vorhandene Gesamtbild einfügen.

„Die Gestaltung eines Gartens ist ein Stück Selbstverwirklichung.“

Vom Haus in den Garten

Vor dem Giebel und den zentralen Wohnräumen befindet sich eine große Terrasse, von der der Blick nicht nur in die Landschaft geht, sondern sich auch über das leicht abfallende Gelände des Gartens erstreckt. Bei so viel „Weite“ war es naheliegend, dass der Gartenbereich, der sich unmittelbar vor der Terrasse befindet, als ein von allen Seiten umschlossener Raum konzipiert wurde. Der

Aus den Fenstern im Obergeschoss geht der Blick über den Garten in die Weite des Münsterlandes.

OBEN
In die große Scheune des westfälischen Schulzenhofes wurde ein neues Haus mit zeitgemäßem Komfort eingebaut.

UNTEN
Der alte Zustand zeigt den behutsamen Umgang mit der vorhandenen Bausubstanz. Erste Gartenbereiche entstanden, bevor die Arbeiten am Wohnhaus begannen.

durch niedriges Mauerwerk terrassierte Bereich wird zur linken Seite von einer Pergola begrenzt und auf den anderen Seiten von einer noch nicht zur endgültigen Höhe herangewachsenen Eibenhecke umschlossen. Dieser Bereich überzeugt durch eine klassische Einteilung, indem er in vier Kompartimente mit einem Rondell in der Mitte gegliedert ist. Die vier Beete sind mit Stauden und Rosen bepflanzt, als Mittelpunkt dient jeweils ein Zierapfel *(Malus)* der Sorte 'Red Sentinel'. Die mittlere Achse des „Terrassengartens" ist auf ein zweiflügeliges Gartentor ausgerichtet. So ergibt sich eine reizvolle Abfolge von der Terrasse mit Fernblick und dem umschlossenen kleinen Gartenraum mit dem Durchgang zum großen, auf 2,5 Hektar Fläche angelegten „Parkgarten" mit seinen seitlich angegliederten Themenbereichen.

Alleen und Sichtachsen

In der Sichtachse des Tores erstreckt sich auf dem abfallenden Hang eine 60 Meter lange Allee, die durch jeweils 14 Amerikanische Linden *(Tilia americana)* 'Redmond' gebildet wird. Ihre pyramidale Wuchsform wird auch in Zukunft den Blick durch die Allee in die Landschaft nicht versperren. Zudem wurden die beiden Baumreihen mit erheblichem Abstand gepflanzt. Um den Zusammenhang der beiden Lindenreihen zu betonen, hebt eine „innere Allee" aus ca. 70 bis 80 cm hohen Buchsbaumpyramiden die zentrale Funktion dieser Gartenpartie noch hervor. Die Wirkung und Funktion der zentralen Sichtachse wird zusätzlich dadurch verstärkt, dass sich der Abstand der Bäume im hinteren Bereich in kaum wahrnehmbarer Weise verringert.

Räume für Rosen und Stauden

Der Parkgarten wird von zwei weniger stark betonten Sichtachsen gegliedert. An ihnen liegen einzelne, besonders gestaltete Gartenpartien. Dazu gehören Rosenbögen und Staudenrabatten mit thematischen Schwerpunkten. Ein Baumkreis, bestehend aus Säulenhainbuchen *(Carpinus betulus)* 'Fastigiata', wird elegant in eine Sichtachse miteinbezogen. Unter den zahlreichen Einzelelementen fällt die sogenannte „Stumpery" besonders auf. Angeregt durch einen Besuch in Highgrove, dem Garten von Prinz Charles, wurden hier die Wurzeln gerodeter Bäume aufgeschichtet und deren Zwischenräume mit Erde gefüllt. Die Bepflanzung mit unterschiedlichen Farnen macht daraus eine gärtnerische Skulptur von besonderem Reiz, zumal die Farne auf unterschiedlichen Höhen gepflanzt sind und so ihre jeweilige Besonderheit perfekt entfalten können. Unter den *Empfehlungen* sind die einzelnen Farnsorten aufgelistet.

LINKS
Eine breite Allee aus Linden und Buchs bildet das Zentrum des „Parkgartens". Die Sichtachse lenkt den Blick in die Landschaft bis zu den Baumbergen am Horizont.

OBEN
Die Größe des Gartens lässt es zu, dass sich der Gold-Felberich ausbreiten kann.

Zur Straße hin wird der Parkgarten durch eine dreireihig versetzt gepflanzte Vogelhecke und einen 75 Meter langen Haselnussgang („Nuttery") begrenzt. Auch ein mit weißen Himalaja-Birken *(Betula utilis var. jacquemontii)* bepflanzter Birkenhain dient als Übergangszone zu anderen Garteneilen, wie etwa der Wildwiese, die ein Heim für zahlreiche Insekten und Schmetterlinge bildet. Durch das Gelände schlängelt sich außerdem ein Wassergraben, der in einem neu angelegten Naturteich mündet. Nordöstlich schließt eine große Streuobstwiese an den Parkgarten an. Wenige alte, von den Vorbesitzern erhaltene, Obstbäume wurden in eine Neupflanzung von knapp hundert Bäumen integriert. Zwischen Obstwiese und den Gebäuden befindet sich ein weiterer Gartenbereich, der „Hausgarten". Die Rosenlaube dort besteht aus rostigen Eisenrohren, also aus dem gleichen Material wie die Pergola am Terrassengarten und die Rosenbögen im Parkgarten. Die Verwendung gleicher Materialien und Formelemente schafft eine Harmonie zwischen den verschiedenen Gartenbereichen.

Der Gemüsegarten liegt in der Nähe des ursprünglichen Wohnhauses. Mit seinen 250 Quadratmetern komplettiert er den Gesamtzusammenhang des Gaupeler Landgartens als einzigartigen Lebensraum. Während die anderen Gartenbereiche die ästhetischen Bedürfnisse befriedigen, geht es im Gemüsegarten um die leiblichen. Hier wird angepflanzt, was in der Küche gebraucht wird. Einjährige Sommerblumen sorgen zusätzlich für Farbe und stehen für Blumensträuße zur Verfügung.

Lebensraum für die Tierwelt

Zum Leben in der Natur gehört auch die Tierwelt. Cristine Bendix und ihr Mann freuen sich, dass die Schleiereulen in diesem Jahr sieben Junge großgezogen haben. Hoch oben im Giebel befindet sich die Öffnung der Nisthöhle. Während des Rundgangs durch den Garten entdecken wir immer wieder Hinweise auf Maßnahmen, mit denen die Insekten- und Vogelwelt gefördert wird. Diese beschränken sich nicht nur auf die Rosenauswahl, dazu gehören auch zusätzlich geschaffene Wasserflächen wie der flache Teich im Frühlingsgarten. Dass in diesem Jahr zwei der selten gewordenen Laubfrösche gesehen wurden, ist ein Erfolg daraus, eine gestaltete Gartenanlage mit Naturschutz zu verbinden. So hat auch der Steinkauz einen

Zu welchen Ausmaßen sich Rosen entwickeln können, ist beim Anblick der 2012 errichteten Rosenlaube zu erahnen.

OBEN LINKS
Zahlreiche Einjährige, wie Kosmeen, werden für die Insektenwelt ausgesät.

OBEN RECHTS
Hummeln und Wildbienen kommen zur Pollenernte.

UNTEN LINKS
Der Laubfrosch hat hier einen Lebensraum gefunden.

UNTEN RECHTS
Die Jungfer im Grünen ist auch für Insekten nützlich.

OBEN
Die Wildwiese bietet ein umfangreiches Nahrungsangebot und dient als Lebensraum für Insekten und Vögel. Und ganz nebenbei begeistert sie auch als impressionistisches Gartenbild.

UNTEN
Vom „Parkgarten“ führt eine Brücke auf die große Obstwiese. Hier sind Brutstätten für Steinkauz und viele andere Vogelarten erhalten geblieben.

Brutplatz in einer Nisthöhle auf der Obstwiese gefunden. Überall sind Nistkästen für verschiedene Vogelarten aufgehängt worden. Zudem ist eine 350 Meter lange Wildhecke inzwischen zu einem natürlichen Lebens- und Nistraum herangewachsen. In den Wintermonaten bieten zum Beispiel viele früchtetragende Heckensträucher wie Pfaffenhütchen *(Euonymus europaeus)*, Gewöhnliche Felsenbirnen *(Amelanchier ovalis)* oder Liguster *(Ligustrum)* ein großes Nahrungsangebot für die Vögel. Auf etwa 500 Quadratmetern entwickelt sich eine über die Sommermonate üppig blühende Wildblumenwiese, die unzählige Schmetterlinge und andere Insekten mit Nahrung versorgt und ein Augenweide für jeden Betrachter darstellt.

Naturschutz im Garten

Auf dem großen Gelände hat das Ehepaar Bendix/Wasserschaff seine ästhetischen Bedürfnisse in der Gartengestaltung und die Leidenschaft, Pflanzen zu sammeln, mit dem Naturschutz in einen harmonischen Einklang gebracht. Würde man ihren Lebensstil als „alternativ" beschreiben, würden falsche Assoziationen entstehen. Landläufig wird „alternativ" nicht mit „elegant" in Verbindung gebracht, sondern eher als Gegensatz verstanden. Dabei treffen die Adjektive geschmackvoll, stilsicher und elegant das hier entstandene Ensemble von Haus und Gartenlandschaft. Den Garten betreffend, gesellen sich noch die Kenntnisse über die Botanik und die Zusammenhänge von Flora und Fauna dazu. Die beiden Besitzer strahlen aber keine abgeklärte Altersweisheit in ihrem Refugium aus, sie stehen für einen aktiven Lebensstil abseits einer Konsumwelt.

Auch in ihrem „Gartenleben" gibt es immer wieder Wünsche, die Konsum nach sich ziehen. Ein Aufenthalt in Englands berühmtesten Garten Sissinghurst führte zu einer neuen Idee für den eigenen Garten. Cristine Bendix konnte für eine Woche das „Priest's House" innerhalb des Geländes mieten und erlebte so den legendären „weißen Garten" auch morgens und abends ohne die üblichen Touristenströme. Die besondere beschauliche Atmosphäre dieses Gartenraumes und die vielen Facetten der Farbe Weiß haben den Wunsch geweckt, einen eigenen „weißen Garten" zu gestalten. Beim Rundgang zeigt sie uns die Stelle, die sie dafür vorgesehen hat: Eine Eibenhecke soll den Raum abteilen, in dem nur weißblühende Pflanzen ihren Platz finden. Natürlich wird hier kein Plagiat von Sissinghurst entstehen, aber es ist spürbar, wie kreativ die Anregung jetzt auf die Verhältnisse im Gaupeler Landgarten umgesetzt wird. Und genau das ist die „Selbstverwirklichung", die Matthias Wasserschaff im einleitenden Zitat beschreibt: der Mensch, der in der Natur kreativ und lebendig bleibt.

LINKS
Ringelblumen und Borretsch gehören zur Bepflanzung des Gemüsegartens.

RECHTS
Alle Doldenblüher sind beliebte Futterpflanzen für Insekten.

OBEN
Die aufgeschichteten Wurzelstöcke gerodeter Bäume eignen sich ideal zur Präsentation verschiedener Farne.

RECHTS
Durch die gestaffelte Pflanzung ergeben sich besondere Lichtspiele.

EMPFEHLUNGEN

„Stumpery“

Die „Stumpery“ ist eine gelungene Pflanzung, die den Reiz der verschiedenen Farne mit ihren unterschiedlichen Blattstrukturen und -farben perfekt zur Geltung bringt. Sie wurden auf die verschiedenen Höhenstufen der aufgeschichteten Baumwurzeln gepflanzt. Teilweise noch sichtbare Wurzelspitzen runden das Bild ab.

Nachstehend eine Auswahl der Farnsorten

- Braunstieliger Streifenfarn *(Asplenium trichomanes)*
- Frauenfarne *(Athyrium filix-femina)* 'Victoriae', *(Athyrium otophorum)* 'Red Beauty'
- Seefeder Rippenfarn *(Blechnum penna-marina)*
- Goldschuppenfarn *(Dryopteris affinis)* 'Cristata the King'
- Glanz-Wurmfarn *(Dryopteris crassirhizoma)*
- Perlfarn *(Onoclea sensibilis)*
- Königsfarn *(Osmunda regalis)*
- Hirschzungenfarne *(Phyllitis scolopendrium)* und *(Phyllitis scolopendrium)* 'Undulata'
- Gewöhnlicher Tüpfelfarn *(Polypodium vulgare)*
- Borstige Schildfarne *(Polystichum setiferum)*, *(Polystichum setiferum)* 'Foliosum Superbum', *(Polystichum tsus-simense)*
- Stumpfblättriger Wimperfarn *(Woodsia obtusa)*

Rosen

Auf dem großen Gelände haben auch zahlreiche Rosen einen Platz gefunden. Die Auswahl erfolgte unter dem Gesichtspunkt, Bienen und möglichst vielen Insekten eine Nahrungsquelle zu bieten. Nachstehend eine Auswahl von Rosen mit offenen Schalenblüten.

Strauchrosen, nach Farben sortiert

Gelb:
- 'Golden Wings'
- 'Maigold'
- *Rosa pimpinellifolia* 'Frühlingsgold'

Weiß:
- *Rosa moyesii* 'Nevada'
- *Rosa pendula* 'Mount Everest'
- *Rosa richardii* 'Sancta',
- *Rosa multiflora*

Rosa:
- *Rosa gallica* 'Complicata'
- *Rosa moyesii* 'Geranium', 'Mozart'
- *Rosa moyesii* 'Marguerite Hilling'
- *Rosa pimpinellifolia* 'Glory of Edzell'
- *Rosa moschata* 'Alden Biesen'
- *Rosa moschata* 'Ballerina'
- *Rosa rubiginosa* 'Eglantine'
- *Rosa canina* 'Hibernica'
- *Rosa rubrifolia* 'Glauca'
- *Rosa villosa* 'Duplex'

Purpur/Lila:
- *Rosa moschata* 'Lavender Dream'

Rot:
- *Rosa arvensis* 'Splendens'
- *Rosa gallica* 'Officinalis' (rosa-rot)
- *Rosa rugosa* (in Weiß, Rot und Rosa)

Mauve:
- *Rosa gallica* 'Tuscany'

Kletterrosen/Ramblerrosen

Weiß:
- 'Bobbie James'
- 'Filipes Kiftsgate'
- 'Lykkefund'
- 'Guirlande d'Amour'
- 'Trier'

Gelb-Weiß:
- 'Christine Hélène'

Rosa:
- 'Paul's Himalayan Musk'
- 'American Pillar' (dunkelrosa)
- 'Apple Blossom'
- 'Maria Lisa' (rosa-rot)

Violett:
- 'Kiftsgate Violett'
- 'Perennial Blue'

LINKS
Strauchrose 'Golden Wings' präsentiert im Herbst orangefarbene Hagebutten.

RECHTS
Die Wildrose *(Rosa multiflora)* trägt eine Vielzahl an kleinen weißen Blüten.

Gartenbesitzer

Bitte beachten Sie die Privatsphäre der Gartenbesitzer und besuchen Sie die Gärten nur nach Terminvereinbarung oder an den offiziellen Terminen.

Wöllstein

Wöllsteiner Staudengarten
Klaus Menzel und
Christel Lewandowski-Menzel
Eleonorenstr. 57
55597 Wöllstein
Tel.: 06703-960486
info@woellsteiner-staudengarten.de
www.woellsteiner-staudengarten.de
Besichtigung auf Anfrage.

Paderborn

Garten Bergschneider
Brigitte und Udo Bergschneider
Elsener Str. 68
33102 Paderborn
Tel.: 05251-37223
bbergschneider@paderborn.com
www.garten-bergschneider.de
Gartenöffnung im Juni – ansonsten Gruppen ab 15 Personen nach Vereinbarung.

Hergershausen

Maren Gatzemeier und Mathias Brendle
Breite Str. 10
64832 Babenhausen – Ortsteil Hergershausen
maren.gatzemeier@online.de
Vereinshomepage für den Sinnengarten:
www.herigar.org
Sinnengarten ganzjährig geöffnet / Gartencafé von Mai bis September, samstags von 14:30 Uhr – 17:00 Uhr

Lindau

Wolfgang Seethaler
Spitalmühlweg 6
88131 Lindau/Bodensee
Tel.: 08382-274800
Mobil: 0175-4361990
info@gartenimpulse.de
www.gartenimpulse.de *(hier finden sich auch die Informationen über die Ferienwohnungen)*
Gartenbesichtigungen sind nur für angemeldete Gruppen möglich: von Mitte April bis Ende Juni und September bis Mitte Oktober. In den Monaten Juli und August gehört der Garten vorwiegend den anwesenden Feriengästen.
Tipp für Individualreisende, die neugierig auf Gärten sind: Die Gartenanlage ist von einem Fußweg aus gut einsehbar – jedoch wird darum gebeten, die Privatsphäre zu respektieren.

Witten

Uschi und Helmut Engelhardt
Elberfelder Str. 42
58452 Witten
Tel.: 02302-31305
engelhe47@web.de
Teilnahme an der „offenen Gartenpforte" – weitere Termine nach Vereinbarung.

Ahlen

Inge und Gerd Imkamp
Breedestr. 19
59227 Ahlen/Vorhelm
Tel.: 02528-950883
gerd.imkamp@unitybox.de
Öffnungszeiten über www.offene-gaerten-westfalen.de/gärten/garten-imkamp.
Der Garten kann außerdem nach Absprache besichtigt werden.

Coesfeld

Gaupeler Landgarten
Cristine Bendix und
Dr. Matthias Wasserschaff
Gaupel 11
48653 Coesfeld
Tel.: 02541-7469693
m.wasserschaff@gmx.de
www.gaupeler-landgarten.de
Besichtigung nach Vereinbarung

Uedem

Jutta und Michael Bongers
Marienbaumer Str. 5
47589 Uedem-Uedemerbruch
Tel.: 02825-1322
info@bruchergarten.de
www.bruchergarten.de
Außerhalb der jährlich festgelegten Gartenöffnungstermine sind Gruppenführungen nach Absprache möglich.

Persingen (NL)

Tuin de Villa
Lily und Fried Frederix
Leuthsestraat 6
6575 JE Persingen
Niederlande
Tel.: 0031-(0)24-6631483
tuindevilla@planet.nl
www.tuindevilla.nl
Der Garten ist jeweils am dritten Wochenende im Juni und im August von 11:00 Uhr – 17:00 Uhr geöffnet. Gruppen (mind. 12 Personen) sind nach Vereinbarung auch im Juni, August bis Mitte September willkommen.

Schloss Kleßen

Lindenplatz 1
14728 Kleßen
Tel.: 033235-290044
info@schloss-klessen.de
www.schloss-klessen.de
Märkischer Gutsgarten: geöffnet ab Mitte April samstags und sonntags, 11:00 bis 17:00 Uhr. Gruppen mit Anmeldung und Besuche außerhalb der Öffnungszeiten bitte per Mail melden. Informationen zu den Ferienwohnungen auf der Homepage.

Register

Seitenzahlen mit * verweisen auf Abbildungen

R

S

T

V

W

Z

Dank

Wir möchten zunächst all denen danken, die uns Autoren bereitwillig ihre Gärten zugänglich gemacht und uns ihre Zeit für ausführliche Gespräche zur Verfügung gestellt haben. Aus dem umfangreichen gärtnerischen Wissen der Gartenbesitzer sind die „Praxisempfehlungen“ entstanden, die einen wesentlichen Teil des Buches ausmachen.

Ein besonderer Dank geht an Marion Nickig, sie hat über zwei Jahre die Fotos für dieses Buch erstellt und ist darüber hinaus eine sehr fachkundige Beraterin für uns gewesen. Ihr Engagement bezieht sich nicht nur auf das erstklassige Fotomaterial, ihr Interesse gilt auch der Förderung der Gartenkultur in Deutschland.

Die Initiative zu unserem Buch ging von Dr. Marcella Prior-Callwey aus. In einem langen Telefongespräch entstand aus unseren noch wenig konkreten Ideen ein tragbares Konzept. Dass daraus dann dieses Buch wurde, geht auf die gute Zusammenarbeit mit der Lektorin Victoria Wegner sowie mit Anne-Sophie Zähringer im Callwey-Verlag zurück; auch hierfür danken wir.

Schneppenbaum, im Frühjahr 2018

Klaus Bender & Manfred Lucenz

Impressum

CALLWEY
SEIT 1884

© 2018 Verlag Georg D.W. Callwey GmbH & Co. KG
Streitfeldstraße 35, 81673 München
buch@callwey.de
Tel.: +49 89 436 00 50
www.callwey.de

Wir sehen uns auf Instagram:
www.instagram.com/callwey

ISBN 978-3-7667-2345-1
1. Auflage 2018

Die Autoren

Manfred Lucenz und **Klaus Bender** sind seit über 25 Jahren Gärtner aus Leidenschaft. Sie schreiben für die Zeitschrift *Gartenträume*, ihre Bücher verkaufen sich in zahlreichen Auflagen. Bisher beim Callwey Verlag erschienen ist ihr Buch *Ein Garten ist niemals fertig*. Zum Callwey-Titel *Romantische Gartenreisen in Deutschland* haben sie die Gartenrouten im Rheinland, in Ostwestfalen-Lippe und Hessen beigetragen.

Die Fotografin

Marion Nickig ist eine der bekanntesten deutschen Gartenfotografinnen. Ihre Reportagen werden in diversen renommierten Garten- und Wohnzeitschriften im In- und Ausland publiziert, darunter *Gartenträume, Mein schöner Garten, Gartenflora, Gartenpraxis, Landlust* und *Wohnen & Garten*. Die große Bandbreite ihrer Fachkenntnis findet in zahlreichen Buchpublikationen Anerkennung.

Hinter den Kulissen

Während der letzten drei Jahre zeichnete es sich deutlich ab, dass der Buchspilz *(Cylindrocladium buxicola)* durch die Behandlung mit Algenkalk in Pulverform bekämpft werden konnte. Wir hatten uns über die Buchserkrankungen immer wieder mit Brigitte Bergschneider ausgetauscht und setzten verschiedene Dünger ein, die nur begrenzt Besserung brachten. Erst das Einstäuben mit Algenkalk brachte überzeugende Fortschritte. Am Ende des Jahres 2017 können wir aus beiden Gärten über einen nachhaltigen Erfolg berichten.

Dieses Buch wurde in Callwey-Qualität für Sie hergestellt

Bei der Materialauswahl und den Möglichkeiten der Buch-Veredelung überlässt das Callwey-Team nichts dem Zufall. So berücksichtigen wir die Gestaltung und Bildsprache jedes einzelnen Titels individuell. Denn dieser ganz besondere Inhalt soll nicht einfach nur schön gedruckt werden, die Buchseiten müssen sich auch gut anfühlen. Beim Inhaltspapier dieses Buches haben wir uns für ein Garda Matt in 150 g/m² entschieden – ein matt gestrichenes Volumen-Bilderdruckpapier. Dessen Oberfläche gibt unseren Bildern den gewünschten Charakter und bringt die bekannte Callwey-Bildsprache optimal zur Geltung. Der Schutzumschlag gibt dem Buch zusätzliche Wertigkeit.

Dieses Buch wurde in Deutschland gedruckt und gebunden bei der Firmengruppe APPL, aprinta druck in Wemding.

Viel Freude mit diesem Buch wünschen Ihnen:

Projektleitung: Anne-Sophie Zähringer
Lektorat: Victoria Wegner, Hamburg
Fotografie: Marion Nickig, Essen; mit Ausnahme von Seite 24 und 24/25 Hintergrundbild: Klaus Menzel, Wöllstein, Seite 152 oben: Michael Bongers, Uedem, Seite 170, 171, 172, 174, 175 oben rechts und unten links, 176 oben, 177 unten rechts, 178, 178/179 Hintergrundbild, 182/183: Matthias Wasserschaff, Coesfeld
Umschlagfotos vorn und hinten (unter Verwendung von Bildern aus dem Innenteil): Marion Nickig
Herstellung: Franziska Gassner
Grafisches Konzept: Heike Wagner, Ngoc Le-Tümmers
Satz und Layout: Daniela Petrini, Reutte (Österreich)
Umschlaggestaltung: Anna Schlecker, München